# 不会讲故事，你怎么做销售？

用一个好故事，解决所有的销售难题！

赵伟 著

文化发展出版
Cultural Development Pr

**图书在版编目（CIP）数据**

不会讲故事，你怎么做销售？ / 赵伟著 . — 北京 ：文化发展出版社有限公司， 2017.2

ISBN 978-7-5142-1655-4

Ⅰ . ①不… Ⅱ . ①赵… Ⅲ . ①销售－方法 Ⅳ . ① F713.3

中国版本图书馆 CIP 数据核字（2017）第 032793 号

**不会讲故事，你怎么做销售？**

作　　者：赵　伟

---

责任编辑：肖润征

产品经理：杨郭君

监　　制：白　丁

出版发行：文化发展出版社（北京市翠微路 2 号）

网　　址：www.wenhuafazhan.com

经　　销：各地新华书店

印　　刷：三河市冀华印务有限公司

---

开　　本：700mm×980mm　1/16

字　　数：300 千字

印　　张：19

版　　次：2017 年 4 月第 1 版

印　　次：2017 年 12 月第 4 次印刷

定　　价：39.80 元

I S B N ：978-7-5142-1655-4

# 前 言

我向来是一个推崇极简主义的人，对商品的好坏不那么在意，我只想选择一个比较好的东西使用，但问题是每当我进入商场时，之前“一分钟就买好东西”的想法完全起不到任何作用，在那些琳琅满目的商品面前，我的判断力几乎下降为零，而销售人员的介绍又是天花乱坠，种种的一切都在让我产生一个错觉：这些商品都是我需要的，又都是我不想买的。

类似的情况在很多人身上同样存在，而这样就会导致一个问题：商品和信息的泛滥让销售工作变得更为严峻，他们必须说服像我这样的顾客，必须想办法运用各种销售技巧来推销自己的产品。

那么在一个功能疯狂复制的年代，在一个信息泛滥的年代，商家究竟还有多少东西来打动消费者？销售人员凭什么让顾客一眼就记住他们的产品？凭什么让消费者对自己的产品感兴趣并产生购买的欲望？

在传统的销售方式中，产品的价格、性能、人数优势是销售人员津津乐道的话题。比如他们总是将目光聚焦在价格战和性能优势上，在产品稀缺或者供不应求的年代，产品可以依靠自身的价值或者优势来赢得青睐，因为消费者根本就无从选择。但是随着不同品牌的产品竞争越来越激烈，仅仅依靠产品的价值和优势已经越来越难以产生说服力了（而且事实上，产品之间的代差和优势本身就在不断缩小）。事实上，任何商家都可以通过折扣来销售出更多的产品，他们在销售产品时可以印发一大堆的优惠券，可以实施“买一送一”的促销活动，可以弄一些抽奖活动，但这些东西已经失去了竞争力，而且这些做法通常都缺乏想象力，也缺乏吸引顾客的魔力。现在他们必须采取更为有效的方法。至于人数优势在某些时候可以起到一定的作用，但是相应的人力成本也会增加，这对商家来说，仍然不是一种高效的销售方式。

不过聪明的商家善于对产品进行包装，这种包装体现在两个方面，一种是外部的包装，比如打造一个精美的礼盒，或者增加一些不相干的使用价值，就像有的商家在茶杯上镶上钻石一样，虽然卖的是茶杯，卖的是用茶杯喝水的价值，但是镶上了钻石，茶杯的价值就被拔高了好几个层次。

另外一种包装就是无形的包装，利用一些好的故事对产品进行渲染，从而提升产品的行销价值。一双手套可能平常无奇，但是如果商家说这是“猫王”戴过的，也许就会变得价值连城，并且很快会被抢购；一个文具盒显得很平常，不过商家要是给它们加上一个“每买一个文具盒，就为贫困儿童捐出1毛钱”的公益故事，文具盒的销量肯定会变得更好。

这就是故事的作用，那么什么才是故事呢？从销售的角度来说，故事就是一种可以帮助消费者了解行销人员并在彼此之间建立感情联结的沟通方式。作为一种精神上的结构，故事可以把现实的复杂的交易活动局限在某一个特定范畴内，这样才可以用有限的人和行为将所要出售的产品和服务以一种更加突出的形式表现出来。

故事如今正在成为销售的一个重要组成部分，就像那些卖保险的人一样，每一次遇见，他们都会说上一两个故事，这种故事行销几乎成为他们工作中最重要的一个组成部分。在华尔街同样如此，那些股票经纪人或者基金销售者每天可不会干巴巴地同客户们讲述各种金融知识或者理论，也不会大胆地做出预测或者打包票，通常他们都会想办法弄几个好故事来吸引客户的注意。在一些实体形态的商品销售过程中，优秀的销售人员更是懂得利用好故事来进行包装和修饰，不论是一个高档产品的销售员，还是一个沿途叫卖的瓜农，他们都会运用故事来吸引消费者的注意。

事实上，销售的核心就是说服力，这种说服力不仅仅在于产品本身的价格或者性能，更应该体现在销售人员的销售技巧上，也就是说销售人员必须懂得通过某种形式来放大或者强化产品本身具备的价值，这样销售的说服力就会得到质的提升。而故事则能够承担得起这种任务，它就是产品说服力的一个绝佳表现形式。

不论我们是否愿意承认这一点，当今越来越多的人希望通过讲故事的方式来销售自己的产品，越来越倚重故事行销的力量，故事和销售的完美结合正在影响我们的消费观念和购买行为。很显然通过更深层次的沟通，消费者的情感和欲望都会受到引导，这种影响力绝对不可忽视。全球知名连锁便利店7-Eleven的创始人铃木敏文说："现在消费已经完全进入心理学领域，而不是经济学。"这句话完全体现出了讲故事在销售中的重要作用，而且从某些方面来说，故事的存在对整个销售行业具有颠覆性的作用和影响。

故事的存在不单单是对产品、对市场进行分享，而更重要的是对心灵和情感的分享，正如《纽约时报》所指出来的那样："在过去五十年里，人们的消费已经从理性转向感性，从客观转向主观，并最终进入心理层面和意识层面。"通过对故事的描述和挖掘，消费者和产品之间的联系变得越来越紧密，而这些故事也激发出了人们内心最本质的一些渴望，比如追求物质和情感需求的渴望。

如果说营销中讲故事是战略性的宣传，具备更为持久的影响力，对品牌形象的塑造至关重要，那么销售中的故事带来的是一种比较直接的情感触动，它真正影响和激发的是消费者的直觉。无论如何，在讲故事的过程中，消费者或者客户往往可以更加直观地了解产品，或者对产品产生更为强烈的触动，而这是故事在销售过程中一个最重要的作用。消费者会觉得自己购买的产品不仅好用，而且具有某种特殊的意义，他们对于产品的关注度会很快得到提升。

《财富》杂志的主编托马斯·斯图尔特在《哈佛商业评论》中，将讲故事定位为一个能够起到重要作用的管理工具。在他看来，讲故事可以为产品或者企业家增添色彩，还能够影响消费者的价值观，此外，它对于企业文化和品牌形象的传播也有很重要的作用，更重要的是讲故事能够将解决复杂问题的方法更加生动形象地表现出来。

这就是故事的魅力，对于那些痴迷于产品本身的人来说，也许有些不可思议，或者觉得根本没有什么必要，但它的确让整个销售过程脱离了传统的那种单调、枯燥的模式，变得更有意义。古驰品牌的宣传策划师格鲁德认为："讲故事是一种销售活性化的方式，它让消费者变得感性。"彪马公司的区域副总裁达拉姆先生说："故事有时候是超越基本需求的，在一个好故事的包装下，哪怕一双大小不一的鞋子也能卖出一个好价钱。"

有鉴于此，故事必须引起销售人员足够的重视，不过，讲故事并不意味着一定能够讲好故事，并不意味着能够讲出一个好故事，好的销售需要好的故事，需要好的讲故事的技巧，这些才能让故事成为销售的"杀手锏"。

作为一本和销售有关的书籍，本书重点将故事与销售结合起来，讲述了故事行销的必要性、重要性以及相关的讲故事的技巧。在如何讲一个好故事以及如何讲好一个故事方面，本书提供了很多实用的案例和方法，让读者可以更加深入地了解故事行销的功能和意义。此外，通过学习可以促进销售思维的解放，让读者尤其是干销售的人可以运用故事行销的思维进行思考。

# Contents 目录

## Chapter 1
## 一个好故事对于销售的意义



## Chapter 2
## 怎样才算好的故事？

## Chapter 3 销售者究竟应该如何宣传自己



## Chapter 4 一切以客户为中心

## Chapter 5
## 简单制胜：简约而不简单



## Chapter 6
## 给客户营造一种真实感



## Chapter 7
## 适当的修饰就是最得体的说明

Chapter 8
## 推销自己不如自我解嘲



Chapter 9
## 说话的效率：不可或缺的小技巧



Chapter 10
## 不可忽视的肢体语言

## Chapter 11 情感是整个故事的最佳包装

No story, no selling

Chapter 1

# 一个好故事对于销售的意义

既然故事可以起到促销的作用，而且它本身就是一个重要的卖点，那么卖故事究竟卖的是什么？为什么故事会让产品更加值钱、更加受欢迎？

# 1. 你是否懂得销售？

2015年，美国艾尔利拉公司（一家化妆品公司）的欧洲区负责人诺克斯为伦敦开张的第一家分店而头痛不已，当时公司聘用了15位不错的销售员，但是直到开业后的两个月，业绩单上仍是让人脸红的1500美元，这意味着公司只卖出了两瓶中档香水，或者只卖出了一盒顶级护肤霜。

问题究竟出在哪儿？这是让诺克斯感到困惑的地方，作为一个全新的品牌，公司必须尽快打开欧洲市场，否则将会很快徒劳而返。由于事态紧急，诺克斯找到了自己的老朋友戴蒙，这是一个脾气古怪但拥有出色广告设计天赋的杰出人才。

戴蒙了解了相关情况之后，觉得问题可能出在了销售方式上，换句话说，这些销售员可能并没有真正解决好问题。诺克斯并不喜欢将问题单纯地推到销售员身上，事实上他们干得很卖力，而且对于一家新开张的门店来说，面临的问题很多，而这些问题并不能简单地归结为“销售员不行”。

戴蒙可没有诺克斯那样的好脾气，他特意花了两天时间观察销售员的举动，并很快发现了问题所在：他们光顾着介绍产品了，也许是迫于公司需要立刻打开市场的压力，但仅仅介绍产品，这可不是一个好的销售策略。

他将自己听到的那些推销性的话进行了总结：

“这是莫尔利牌香水，它的原料是顶级的，迪奥的或许不错，古龙香水也非常棒，但是我们的原料才是独一无二的。

“看看我们的面膜吧，这是最新的产品，它由艾尔利拉公司出品，里面含有的特殊美白成分……

“这些护手霜在别的地方肯定是买不到的，只有在这儿，欧洲唯一的一家艾尔利拉分店，你们才能够购买到这么好的产品，你可以看看它的成分，全部都是好东西。”

这些话听上去有什么问题吗？也许没有任何漏洞，但是戴蒙却斥其为“一堆谬言”，按照他的理解，这些根本不算什么销售，真正的销售可不是将产品“当成一个傻乎乎的玩意儿”在顾客面前晃来晃去。接下来，戴蒙在店里亲自做了示范：

“我可不太关心英国女王或者哪个王妃会来小店里光顾一圈，但我们的老板上次去白金汉宫的确送了她们一套化妆品。

“对于这些香水，我只能说一旦它们出现在你的身上，得小心你的前男友，这当然是我的经验之谈。

“你知道吗，我倒是希望自己的皮肤对香水过敏，在过去一个月，我已经迷上了它。”

……

毫无疑问，通过讲故事的方式，顾客们的注意力很快被吸引到产品上来。戴蒙的话让那些原本对艾尔利拉公司一无所知的人很快产生了兴趣，所以接下来的一个月，公司在伦敦的这第一家分店很快实现了盈利，并且知名度越来越大。

在这个事件中，戴蒙指出了一个很现实的问题：你真的会销售吗？

首先，让我们先来了解一下销售的定义，从学术的角度来说，销售是指以销售、租赁或其他任何方式向第三方提供产品和/或服务的行为，包括为促进该行为进行的有关辅助活动，例如广告、促销、展览、服务等活动。它的定义是能够找出商品所能提供的特殊利益，满足客户的特殊需求。

通过对销售的理解，我们可能会得出一个普遍的认识，所谓销售就是卖东西，或者说卖东西的一整个过程。而多数人恰恰在这个问题上缺乏更加深入的认知和理解，因为销售并不是简单地将东西卖给别人，其中暗含着一个关键问题：如何将东西更加顺利地卖给别人。换句话说，销售人员可能把握住了卖东西这个行为，却没有想过如何把握卖东西的技巧，而卖东西的技巧主要体现在如何抓住消费者的注意力上。

销售仅仅是简单的卖东西吗？仅仅是将产品一五一十地告诉消费者和客户吗？很多销售人员并不了解顾客需要什么，并不了解消费者是否对自己的产品感兴趣，他们所关心的是“我将产品介绍给你，然后你买或不买”。而优秀的销售人员会这样去想：“你是否需要这个东西？是否对我的产品感兴趣？我该怎样让你对产品产生兴趣？”

也就是说，把握和引导顾客的注意力才是销售获得成功的关键。诺贝尔奖获得者赫伯特·西蒙早在多年前就做出了预言：“随着信息的发展，未来有价值的不再是信息，而是注意力。”英特尔前总裁葛鲁夫也说过：“整个世界将会展开争夺眼珠的战役，谁能吸引更多的注意力，谁就能成为世纪的主宰。”美国作家托马斯·达文波特和约翰·贝克更是写了一本书《注意力经济》，其核心内容就是要求销售人员懂得利用故事来吸引顾客。

正如戴蒙所做的那样，他并没有像其他销售人员一样忙着介绍产品的好处和功能，而是讲了一些有趣的故事，这些故事中很可能并未正面讲述自己的产品怎么样，但是却隐晦地指出了产品“值得信赖”或者

"很受欢迎"，通常情况下，它们更能够吸引顾客的注意力。而且在当前的技术条件下，消费者对产品单纯的用法、性能，已经不像过去那么狂热了，想要吸引住他们，商家不能再像过去一样仅仅从产品本身的使用价值入手（这几乎是最低级的一种销售方式）。

好的产品不一定会卖得很好，使用价值很高的产品也不一定比那些功能简单的产品更畅销。现在，最高档的老品牌手机也已经卖不出去了，尽管商家非常诚恳地拿出所有的技术参数，尽管销售人员一再承诺自己的产品绝对是业内最高级的手机，但没有人愿意购买；但是苹果手机店的员工只需要告诉消费者"今天你是进店购买手机的第759位顾客"，那么消费者可能就迫不及待地要购买心仪的手机了。

另外，对于营销人员来说，他们必须对每一个目标市场进行准确细分，必须研究客户的需要、认知、偏好和购买过程。但对于销售者来说，产品是固定的，顾客是随机的，他们不仅要将产品卖给有需求的人，还要懂得将产品推销给那些没有需求或者需求不旺盛的市场，而这并不意味着他们就可以随时随地采取主动的攻势："您需要一个电视，可以买我们的电视，它非常适合您这样阶层的人观看""我觉得您非常喜欢这类衣服，也适合穿这类衣服，而我们的衣服是这种款式中最好的""这是今年最流行的款式，如果不买的话就太可惜了"。在把握市场和客户需求的时候，有时候需要更加隐晦一些，要懂得利用某些有趣的故事慢慢进行诱导。

总而言之，销售并不是简单的"我卖给你什么"或者"你需要什么，我卖给你什么"，它更多时候体现的是一种巧妙的沟通技巧，它不仅要求销售人员要把握消费者的需求，还要懂得激发和引导这种需求，从而说服对方进行消费。

## 2. 常见的销售误区

当我去拜访一家连锁店的老总时，他正在为最近的工作业绩而苦恼，事实上在过去的几个月里，连锁店的生意越来越差，营业额已经下降了6个百分点。所以他突然问了我这样一个问题：“你知道什么是销售吗？你觉得我们的销售存在什么问题？”

我并不清楚他为什么会突然这么问，也不知道是不是因为业绩下降引起了他的警觉，但他的一番话倒是引出了一个重要的问题：销售的误区。而这个误区其实一直都存在，并且具有很大的普遍性，无论是从东半球到西半球，还是从欧美国家到非洲小国；无论是跨国公司，还是不起眼的中小企业，都不可避免地会在销售的过程中产生一些错误的认知。

问题在于，每个人似乎都知道销售是怎么回事，但很少有人真正懂得销售，或者能够做好销售工作。有人认为，至少有一半的商家和销售人员在销售过程中存在误区，这也是为什么很多商家的生意并不像期望中的那样好，影响业绩的因素是多种多样的，但不合理的销售行为往往是最大的问题所在。那么常见的销售误区究竟体现在哪些方面呢？为什么很多人会陷入这些误区？

### ——销售就是单纯卖产品

沃尔玛超市的创始人山姆·沃尔顿有一次走进超市视察，发现很多服务员像电线杆一样杵在那儿一句话也不说，完全不理会挑选商品的顾客。离开的时候，沃尔顿非常生气，对着超市的负责人说了这样一句话："这不是我想象中的销售，甚至于算不上是销售。"

山姆·沃尔顿的怒火并非毫无因由，事实上有关销售的概念或者定义，很多人仍旧无法理解透彻，销售人员最常见的想法就是卖掉产品，或者将产品放在货架上等着别人来采购，这是他们眼中的销售。

正因为如此，在很多时候，商家所做的就是将产品摆在货架上，然后等着顾客进门购物。销售人员会简单地对产品进行介绍，有时候干脆让顾客自由"参观"，所以出现了"我卖我的，你买你的"这样的情况。事实上，销售过程更像是一个交流沟通的过程，而不是简单的一手交钱一手交货，也不像在超市里购买货物然后及时付款一样，销售人员在与顾客进行沟通的过程中可以说各种各样的话题拉近彼此的关系，而不一定就是简单的那一句"你买什么东西？"或者"你说的这个产品在那边"。

### ——广告营销等同于销售

一个普遍性的认识在于多数商家认为"投放了广告，就没有必要在具体的销售过程中多费唇舌了"，或者"只需要照本宣科"，这也是为什么很多商家认为广告是万能的——既然广告讲了一个故事，或者打响了品牌，那么销售就是一个自然而然的过程，愿意买就买，不愿意买就放弃。

这种"广告至上"的想法，实际上将广告营销的作用无限放大了，就像商家们总是这样说："我们的广告做得很到位。"事实上，他们已经将营销和销售混为一谈，然而营销和销售根本就不是同一个概念。营销以消费者需求为导向，消费者需要什么，企业和商家就生产、销售什么；而销售是将固有的产品卖给消费者。

此外，营销看重结果，但主要在于分析研究市场，并做出相应的对策；公司会将现有的各种要素及公司想要达到的目标，与市场需求有机结合起来，并密切关注竞争者的情况和可能采取的措施。销售更看重结果，实施中追求的是效率，所以为人、技巧、经验、机遇具有更重要的作用。

对于销售人员来说，仅仅依靠广告营销并不能真正卖出产品，虽然广告能够吸引和刺激顾客前来消费，但在顾客埋单之前，他们并不会完全相信广告中的宣传，而且也必定对产品有更多的疑惑，想要对产品有更深的认识，而销售人员需要做的就是利用自己的技巧去说服对方。

**——销售工作是能够一次性完成的**

哈佛大学的罗斯教授有一次在课堂上提出了一个不算太大问题的话题："如何看待自己的销售工作和顾客？"在讨论这个话题的时候，他对其进行了适当延伸，然后提出了一个新的问题：当顾客站在你面前却没有产生任何消费行为的时候，该如何界定自己的工作？

在回答这个问题的时候，多数学生的回答都是"这个人并不是我们的顾客"。这个回答存在什么问题吗？毕竟结果指出了一切。但是罗斯教授却摇摇头说："如果真的这样想，你们可能什么也卖不出去。"

罗斯教授的问题以及学生的回答其实指出了销售中的一个大问题，那就是多数商家和销售人员都希望自己的销售工作是一次性完成的。简单来说，即买我产品的人就是顾客，他只要看了产品就一定会购买的；而不购买产品的人就不是顾客，因此没有必要费尽心机去说服对方，也不用想办法留住这个顾客，因为下一次对方仍旧不会购买。

但实际上，销售过程并非是简单的一刀切，顾客有时候会犹豫，有时候会缺乏购买的需求和欲望，但这些需求和欲望完全可以通过巧妙的引导慢慢激发出来。即便顾客这一次没有购买，但并不意味着他没有这样的需求，销售人员不能将自己的工作定为一次性的工作，否则就将销售看得过于简单和狭隘了。

**——我了解市场那就足够了**

从营销的角度来说，了解市场是营销者首先需要做到的一件事，对于销售人员来说，市场需求非常重要，但并不起着决定性的作用，因为对于销售人员来说，他们的产品是固定的，而消费者和顾客却是流动的、随意的，根本没有一个非常准确的划分，了解市场需求对于他们来说有时候方便了销售，但有时候不起任何作用，一些缺乏需求的人同样应该成为销售的目标，而在面对这样的消费群体时，销售人员所要掌握的可就是经验、技巧以及其他一些个人发挥了。

钢铁大王卡内基说："一个优秀的商人不仅要卖出那些市场需要的产品，还要卖出那些缺乏市场需求的产品。"换言之，销售者有时候需要在无人问津的情况下售出自己的产品，这就类似于将梳子卖到寺庙里去。表面上看，和尚根本不需要梳头，那这样是否就意味着不用将梳子销售到寺庙里去呢？情况并非如此，和尚没有需求，并不意味着前来上香的香客不用梳头，而且这些梳子也可以作为赠品送给香客，这些并不是市场需求直接决定的，而需要销售人员发挥出自己的销售技巧。

这些误区通常会影响销售的业绩，那么如何走出这些误区呢？这并非是简单的认知问题，更多时候还是需要重新把握销售的方法，比如如何与人沟通，如何运用技巧说服顾客，如何激发顾客的需求，如何留住顾客，这些通常都和方法有关。因此在走出销售误区的同时，关键还是要运用一些更加实用、更加有效的方法来促进销售额的提升。

# 3. 用故事唤醒客户的右脑

纽约大学的克拉克博士提出了一个很有趣的观点：“市场经济条件下，商家更应该刺激和开发消费者的右脑。”那么为什么要开发消费者右脑？为什么不是刺激消费者的左脑？开发右脑和市场营销有什么特定的关系吗？

想要了解这一切，首先就要从大脑的功能说起。在科学家看来，左脑应该被称为“文字脑”，其主要功能在于处理文字和数据等抽象信息，具有理解、分析、判断等抽象思维功能，有理性和逻辑性的特点；右脑则被称为“图像脑”，处理声音和图像等具体信息，它将收到的信息以图像形式处理，瞬间即可处理完毕，因此能够把大量的资讯一并处理（心算、速读等即为右脑处理资讯的表现方式）。具有想象、创意、灵感和超高速反应（超高速记忆和计算）等功能，有感性和直观的特点。如果说左脑是理性的，那么右脑则侧重于感性。

在左脑的运作机制下，大脑会自觉地对他人的话进行分析，运用逻辑思维进行理性的判断，也就是说经常运用左脑进行理性分析的人，并不容易被人说服，他们会想尽一切办法来验证对方所说的话是否属实，尤其是对文字和数据等信息进行谨慎的处理。正因为如此，销售人员想要说服消费者购买自己的产品和服务，就变得不那么容易，即便他们能够提出各种理由，能够拿出各种过硬的数据，但是左脑会对这一切进行深入分析，而一旦它发现销售人员的话中存有纰漏，那么就会立刻反馈给消费者本人，并且发出“这个产品不值得信任”的信号和警示。

与左脑相反的则是右脑，右脑是图像脑，它非常善于处理那些随意的、想象的、直觉的以及多感官的影像。对于右脑来说，它的想象力非常惊人，有人说了一段话，或者给出了一段文字，左脑的做法通常是分析、分析，再分析；而右脑更习惯于创新，它忍受不了那些冰冷呆板的文字和数据，所以会想方设法将自己接触到的事物或者听到的话，转化成为图像，这样一来它就能够按照自己的兴趣来理解和分析这些内容了。

比如，当一段文字正在描述牛吃草的行为时，左脑所做的工作就是弄清楚那是不是一头牛，它是如何吃草的，吃的是什么草，这段话中是否还具有其他隐藏的信息。右脑不会做那么枯燥的工作，它会立即在影像库中进行搜索，然后呈现出一头牛吃草的画面，为了更加形象生动，右脑会创造出湛蓝的天，碧绿的草地，悠闲自得的牛，甚至还会联想到一头牛咀嚼青草的声音。

正因为右脑具备这样的特性，因此，当销售人员提起某个产品和服务的时候，消费者很可能会在大脑中联想到产品的画面，联想到自己享受服务的情景，而这种想象对于产品的营销更加有利。因为右脑所呈现出来的画面是随意性的、感性的，消费者在右脑中所看到的产品形象、所体验到的服务并不完全是真实的，换言之，消费者并不会过度计较这些产品和服务是否真的具有很高的价值。

不过，并非所有的顾客都具备强大的图像思维或者说图像处理能力，也并非所有的消费者都会本能地运用右脑来处理自己所接触到的产品信息，在多数情况下，他们对于产品的印象并不那么深，或者说右脑对于图像的处理程度并不那么深。简单来说，当销售人员提到面包的时候，消费者未必会联想到层层的奶油，未必会联想到门口长长的排队队伍，未必会联想到那些香味会让街道对面的人频频往这边看。

当右脑想象力不那么丰富的时候，销售人员在介绍自己的产品时，未必会让消费者产生兴趣，因此，在销售的过程中，销售人员必须想办法唤醒消费者的右脑，必须刺激他们的右脑产生更多的直觉和感官影像。既然单纯的产品介绍很难让人心动，那么不妨采取一些更具画面感的表达方式，而故事刚好具备这样的功能。一个好故事往往会让听众产生代入感，他们会感受到故事中的内容，并且产生一个比较明确清晰的画面。

比如有家铁路公司准备向国外出口自己的高铁，第一次，这家铁路公司的负责人向客户介绍了自己的铁路技术和相应的设备，并且许诺会打造一条时速350公里的铁轨，以便提升运输的能力和效率。

客户听完对方的介绍之后，并没有太多的想法，事实上对于这条高铁究竟会以什么面目出现，会产生什么作用，他根本没有一个准确的认识。因此他还是希望不要操之过急，最好可以看看其他竞争者和投标人的高铁技术怎么样。

第二次，双方又进行了会谈，这一次，高铁出口项目的负责人一改先前的表达方式，而是说了一句话："接下来，你们所能享受到的是从首都下班后，只需要花费20分钟的时间到A城去享受一顿丰盛的晚餐，或者花费30分钟去C城娱乐休闲一番。"这句话极具画面感，让客户很快对未来的"高速"生活有了更多美好的想象。结果几分钟之后，这个外国客户决定和这家铁路公司进行合作。

两次谈判之所以会产生截然不同的效果，原因就在于通过讲故事的方式，客户的右脑受到了刺激，它更容易对高铁产生比较丰满的、感性的联想，从高铁负责人的话中，客户甚至可以想象到自己在高铁上刚好吃完一顿早餐，就已经顺利到达公司的场景。

实际上故事本身就具有画面感，相比于平实的文字叙述，或者言语表达，故事的画面感更加强烈，就像《三国志》和《三国演义》一样，一个出色的古文老师可以将《三国志》讲得非常到位，但是听众对于里面的战争、谋略、人物形象还是不那么深刻。而《三国演义》则是故事版的《三国志》，里面的故事性很强，画面感十足，只要听了《三国演义》的内容，很多人的大脑中就会浮现出各个鲜活的人物形象。

一旦这些故事与个人经历有关，或者触动了消费者的情感，这种画面会变得更加丰富、更加清晰。几个月前，有一家布鞋专卖店刚刚开张，我决定去逛逛，一进门，销售员就迫不及待地介绍自己的产品："我们的布鞋都是纯手工打造的，鞋底非常厚实，不容易磨掉，而且保暖性好。从黑龙江到北京，再到上海，哪怕是更南方的地方，都适合穿我们的布鞋，而且不会产生任何不适感。"

我随便看了看，觉得这些布鞋并没有什么特点，也看不出保暖性和舒适性，于是就准备离开。这时候经理突然说道："在小的时候，我的妈妈经常连着好几个晚上给我纳鞋底，那个时候她的眼睛不太好，可没有现在的鞋底那么好看。"听完这些话后，我的脑海里立马呈现出一幅温馨的画面：一个头发花白的母亲，坐在昏黄的烛光下，一针一线地为孩子们做布鞋。夜已经很深了，外面还刮着大风……

接下来，我有些情难自禁，重新返回店里，并且一下子就买下了3双布鞋。

事情就是这样，当销售人员谈论的产品无法提供更多有吸引力的信息，或者提供更多更清晰的画面时，消费者的右脑很难发挥作用，反而是左脑容易占据工作的主动权，而这样就不利于产品的销售了。这个时候通过讲故事的方式可以进一步带动右脑的图像制造功能，从而促使右脑产生更多感性的印象，而这正是销售人员乐于见到的，因为一旦消费者过于感性，或者凭借直觉做事，那么销售人员就更容易让对方对自己的产品产生兴趣。

除了图像功能之外，另外一个要素也很重要，那就是注意力。前面我们也提到了销售人员必须善于把握好顾客的注意力，而右脑则更多地用于控制注意力，这种特殊的功能使得右脑对于一些非常有趣、另类的东西产生兴趣。从这个角度来说，利用故事唤醒右脑的功能同样显得至关重要。

# 4. 将冰冷的数据变成更有趣的画面

一家球鞋专卖店在推销自己新产品的时候，刻意贴出了一张统计表，上面是过去五年专卖店的销售数量，它们分别是5000双鞋、8500双鞋、12000双鞋、13000双鞋、14500双鞋。

另一家专卖店则贴出了5张相片，分别是2011年到2015年新鞋发布时，购买者在店外排着长队的情景，其中排队的人数一年比一年多，场面一年比一年更加震撼。

这两家专卖店看起来都拥有不错的销路，但是在看到这两种不同的销售方式后，消费者更喜欢去哪一家专卖店买鞋呢？有人曾经做过调查，发现第一家专卖店自从贴出这张统计表之后，大约在一个小时内接待了23位顾客，其中有7个人购买了心仪的球鞋；另一家专卖店贴出相片后的一个小时内，一共接待了55位顾客，其中有43人付款买鞋。

事实的真相是，过去五年来，第一家专卖店的球鞋销量远远超过了第二家专卖店，可是为什么当两家采取了新型的销售方式之后，第二家专卖店的销售情况要比第一家好很多呢？其实这个问题，归根结底就在于数据与画面的对比。

而关于这两个不同的要素，心理学家曾经做过一个调查，首先心理学家问一群具有正常认知能力的人："如果你们得到了一个亿，将要做什么？"结果，测试者纷纷发言，有人说要去购买豪车，有的人准备购买豪华别墅，有的人希望可以享受到全世界的美食。尽管每个人都说出了自己的想法，但是他们的情绪比较稳定，表情也显得比较自然。

接下来，心理学家安排了另外一群正常人进行试验，这一次，心理学家播放了一张幻灯片，画面中有一张桌子，而桌子正中间堆满了百元大钞。这个时候，心理学家注意到人群中有人吹了口哨，有人大呼“那么多钱啊”，而当心理学家询问“如果你们拥有这些钱，准备做什么事情”的时候，受试者开始争先恐后地发言，并且每个人都说了一大堆梦想，很显然，这样一堆钱让他们心动不已。而事实上，这堆钱只有区区的500万。

经过两个试验之后，心理学家发现了一个重要的现象：单纯的数据或者数字根本没有画面所呈现出来的内容那样具有吸引力。简单来说，就是画面带给人的冲击比数据更大，哪怕数据呈现的内容非常惊人，但是多数人仍旧会对画面中呈现的内容念念不忘。

这两个试验其实佐证了那两家专卖店的销售情况，第一家专卖店重视数据的解说作用，认为数据可以给消费者最直接的提示；而第二家专卖店则认为画面对消费者造成的触动会更大，当消费者见到拥挤的人群时，会更容易相信这家专卖店的产品。事实也证明了画面比单纯的数据更具吸引力，它在销售中所起到的作用也更大。

如果说数据的展示体现了一种更为严谨的标准和提示，那么画面展示则代表了一种故事性，一大堆的人排队等着购物这本身就是一个非常好的故事素材，而消费者也乐于从这个故事中去想象一下这家专卖店的独特魅力。反过来说，数据虽然不一定作假，但是始终是冷冰冰的，即便数据再漂亮，也很少有人会仔细推敲这些数据究竟代表了什么，就像多数人并不清楚一个亿究竟是多少钱一样，但是如果将这一个亿的钱堆成一堆，那么多数人都会留下更加深刻的印象。

在销售中，很多商家往往会犯下“唯数据论”“唯数字论”的错误，他们更喜欢将自己所取得的业绩或者成就，单纯地用数字表现出来，并认为这样简单明了，而且也很直白，因为谁都认识这些数字。却不知道，多数人对于数字的看法通常都是如此：“只不过是一堆数字而已。”他们更加需要的是一些能够刺激想象力的画面，能够让自己获得更大刺激的东西。

汽车制造商A说：“我们卖了几千万辆汽车了。”

汽车制造商B说：“我们销售的汽车可以绕地球一圈了。”

汽车制造商A说：“我们卖出去的一辆汽车曾经跑了480万公里。”

汽车制造商B说：“我们销售的一辆汽车所跑的行程，加起来可以绕着地球跑120圈。”

实际上汽车制造商A和汽车制造商B所说的内容差别不大，无论是汽车的数量还是质量都差不多，但是汽车制造商B所说的故事感、画面感更强，给购车者带来的影响力也更大。因为没有多少人会具体去体验一下几千万辆车究竟是一个什么样的概念，也不知道480万公里究竟有多长。

所以，在销售活动中，画面往往要比数据更加具备吸引力，销售人员要懂得将数据转变成画面，这种转变需要运用一定的技巧。

### ——展示方法的转变

一个企业对客户宣称自己每年可以生产1000万吨钢材，但是客户未必对这个数字有什么太大的概念，或者产生什么太大的触动。这个时候，企业可以选择用纪录片的方式将自己的生产场景拍摄下来，这种影像远远比口头或者书面的表述更具说服力。就像那家卖球鞋的专卖店一样，它并没有提到一个月或者一年究竟卖了多少双鞋，但是却通过图片的形式讲述了疯狂排队购鞋的故事，这个故事比单纯的数据更让顾客动心。

展示方法通常有很多种，比如销售人员可以用文字表述、数字统计、图像展示、视频播放、故事宣传等方式讲述自己的产品和业务，而通常情况下，影像和故事的画面感更强烈，对消费者和客户所产生的影响力也更大。

### ——直接换算

直接换算指的是将那些抽象的数字转化为更有趣的表达方式，比如汽车制造商认为自己的汽车可以跑上480万公里，这个“480万”过于抽象，购车的人很难找到一个准确的参照物或者工具来衡量出这个长度。但是如果汽车制造商将其转化成“我们的汽车可以绕着地球跑上120圈”，480万公里其实就大致等于地球的120圈，但是相比于单纯的数字，后者所展示出来的画面显得更加生动有趣。

华盛顿一家老牌餐厅从20世纪二三十年代美国经济危机期间开始营业，一直到现在仍旧屹立不倒。老板询问员工：“我们该如何利用自己的优势来招揽顾客？”

员工说：“先生，我们拥有差不多90年的历史了，这就是我要对顾客们说的。”

老板摇摇头说：“不，你应该这么说：‘罗斯福总统第一次来这儿进餐的时候……’”

员工的话和老板的话都讲述了一个重点，那就是餐馆拥有深厚的历史底蕴，但是直接说“我们拥有差不多90年的历史”，显然没有“罗斯福在餐馆就餐”更有意义，这是一个时间表达方式的转换，但是转变后的故事性更强，历史感也更加厚重。

无论如何，单纯的数据无法撑起太多行销的任务，因为多数消费者并不会迷信数据的作用，戴尔公司的总裁戴尔先生就说过：“我们卖出了30万台电脑？我不在乎这个，客户更不会在乎这个，指望一串数字来说服他们简直就是异想天开。”想要真正说服客户，想要真正让人购买自己的产品，必须打造一个更加立体的、生动的画面，这些画面恰恰是提升销售效率的关键。

## 5. 将产品转化成一种生活理念

桥上恋人站着，桥下恋情流着，我呢，只是等着，你呢！

好久不见你，我在左岸咖啡馆。

靠角落近一点，离热闹远一点，想你，比较容易，想我！

好久不见你，我在左岸咖啡馆。

雨天，适合阅读眼泪，因为都是水的诗意排列。

好久不见你，我在左岸咖啡馆。

角落，展阅一本孤独的人，因为少人懂，于是又孤独。

好久不见你，我在左岸咖啡馆。

读到L的工人在谈恋爱，照常阅读，照喝咖啡，在等她来！

我在左岸咖啡馆，和你谈爱恋。

咖啡馆开了，气氛热了，西风来了，他走了，带着她离开！

我在左岸咖啡馆，和你谈爱恋。

普鲁斯很傻，文字太庞大，又复杂的，对爱，又深情了。

我在左岸咖啡馆，和你谈爱恋。

这是左岸咖啡馆的一段广告词，在这段广告词中的意境，每一个坐在左岸咖啡馆里的人可能都会感同身受，对他们来说，也许在咖啡馆里悠闲地坐上一个下午，就像是认认真真地谈了一场恋爱一样，又或者他们可以从中寻找到恋爱的感觉。反过来说，原本作为一种饮品的咖啡，在这里成为一种人生体验和对爱情的美好享受。

这是广告营销的一个策略，广告大师乔治·路易斯认为销售者永远不要将产品当成没有任何生命的东西来出售，而一个聪明的销售员懂得将产品的消费转化成一种生活方式和生活理念，他懂得让消费者将产品消费当作生活中必不可少的一种精神体验。

这种转变就需要一定的讲故事的功力，尤其是在具体的销售过程中，销售员对于产品的把握不能仅仅停留在消费层面上，不能仅仅停留在“它有什么用处”的层面上。延伸和扩展产品的价值，是每一个销售人员都要掌握的技巧。

有个朋友最近迷上了喝茶，据我所知，他以前可从来不喜欢这些东西，更不会去茶馆里泡上一整个下午。不过，一个茶馆服务生却改变了他的这种习惯，有一次，他陪着老父亲一起去这家茶馆喝茶，在泡茶的时候，有个服务生走过来微微一笑说：“现在很少有人能像您一样，每天抽出一点时间来和家人喝一杯茶，谈谈心，其实这样的生活挺好的。”

不知是服务生刻意这样说的，还是无意中的一番赞美，朋友听了心里很暖，同时也有些尴尬。实际上他很少陪着父亲喝茶，但是这一番话还是很快让他意识到了一些非常生活化的问题：他在过去一直将喝茶当成一种解渴的行为，总是觉得自己工作很忙，根本没有必要也没有时间在喝茶上浪费工夫，但现在才意识到喝茶其实也是陪同父亲的一种美好享受。

正因为如此，这个朋友几乎每个下午都会专门抽出时间陪伴父亲喝下午茶，并且非常享受这种和父亲独处的幸福时光。而最重要的一点是，这个朋友只有在这家茶馆里才能找到这种感觉。

事实上，很多商家如今开始重视生活理念的宣传。雪佛兰销售部的高管弗兰克先生一直都非常重视对汽车销售人员的培训，有一次他指着一辆车子问员工："这是什么？"

"这是一辆车。"

"一辆雪佛兰汽车。"

"这是我们的新产品。"

……

员工们纷纷做出了回应，但弗兰克面色沉重地摇摇头说："不，如果你们觉得这只是一辆汽车或者某个产品，那我们就要完蛋了，在我看来，这应该是一家人每周一起郊游的理由。"

弗兰克并不是一个文艺范的人，也不是什么诗人或者哲学家，但他的确善于从生活的角度来挖掘产品更多的意义，而这对于雪佛兰公司，对于其他企业来说很重要。微软公司的前销售顾问克洛德说："这不再是一个产品仅仅是产品的年代。"所以销售人员也不要停留在"产品是什么，我就卖什么"的初级思维当中。后来他更进一步解释了自己的说法："所有的产品最终都是回归到生活当中的，都是要为生活服务的，所以我们更应该称呼它们为'一种生活'。"

一家卖泡泡糖的商店对顾客说："不要忘了童年的味道和小伙伴之间的约定。"

一家油漆公司这样推销自己的产品："不要再让孩子逃离这个家庭。"

一个白酒经销商在店门口写了这样一个牌子："人生最痛快的就是再找几粒花生米，然后重回20年。"

这些产品的销售都没有主打产品的使用价值和性能，而是侧重于生活理念的开发，需要注意的是，承载这些生活理念的往往是故事，只有生活化的故事才能打造和体现出生活理念，才能让人觉得这就是我想要的生活。

不过，对于销售人员来说，将产品和生活理念结合在一起并非一种生搬硬套的歪理，产品的某一种价值或者特质必须迎合现代生活的理念，这样才能实现正常的转化。比如很多油漆中都含有有害的化学物质，对人体尤其是孩子的身体健康造成严重的威胁，因此健康和环保问题就凸显出来了，如果油漆公司能够主打环保理念，那么正好迎合了消费者的想法。而“不要再让孩子逃离这个家庭”的故事具有很大的普遍性，更容易使消费者产生触动。

很显然，商家或者销售人员在卖出自己的产品之前，必须寻找到产品和生活理念之间的内在联系，然后利用故事进行包装，这样就可以让整个产品变得更加丰满，更具生活化气息，也显得更有内涵。

## 6. 一个好故事究竟能卖出多少东西？

历史学家认为：“单纯的学术研究根本不能普及历史知识，听众需要的是故事。”社会学家认为：“这是一个讲故事的年代，每个人都在想办法通过讲故事的方式来展示自己。”著名心理学家乐维教授认为：“大部分的行销活动是提供以及消耗各种故事，这项事实是如此普遍以及充满渗透，结果不会引起任何注意……或者也可以说，这个事实是如此突出并引人注目，所以穿透到所有的经验当中……故事被买进和卖出，故事是媒介交换的一部分，而且故事是所有其他产品与服务的运输工具。”

有人说：“如果没有任何故事来包装，我们的多数产品只能内销。”既然故事那么重要，那么它究竟会给人们的生活带来什么？在具体的销售过程中，它的价值究竟体现在哪里？

更加直白地说，一个好的故事究竟能卖出多少东西呢？为了验证这一点，有人做了一个实验：他先是带着一大堆的手工编织袋去街上叫卖，尽管他一再声称这些手工编织袋制作精美，质量也非常棒，更重要的是这些产品在市面上并不多见，因为很少有人用纯手工来制作这些产品了。一整个上午，他只卖出了两个袋子，而且是勉强打折之后才销售出去的。

第二天，他同样带着编织袋去叫卖，但是这一次，他改变了销售方法，不再盲目宣传产品的优势，而是讲了一个故事——“这是一个贫困山区里的小女孩亲手制作的手工编织袋，因为她想要通过这种方式为自己赚取足够的学费”。而经过这样的故事包装之后，路人们纷纷慷慨解囊，有人甚至愿意出两管的价钱买下这些编织袋，两个小时之内，几百个编织袋全部售罄。

同等质量的编织袋，同样的销售者，同样的环境和场合，为什么销售效果却是天差地别呢？原因就在于故事，销售者将自己的产品和故事巧妙地结合起来，从而让产品变得更加有趣了。

这种“有趣”首先在于产品的价值增加了，说起“价值”，那么就必定会想到另一个基本的经济学概念“使用价值”，两者之间的关系在于：使用价值决定了产品的价值。这是一个铁律，不过产品的价值并不完全就是使用价值，它还拥有一些额外的价值，比如政治因素、文化因素、历史因素、感情因素都会带来额外的价值。

故事存在的目的就是为了增加产品的额外价值，这样就可以让产品在具备使用价值的基础上，获得更多的价值和内涵，而这些价值和内涵是远远超过产品的使用价值的。就像这些编织袋一样，从使用价值来说，无非就是为了装东西，所以很多人购买编织袋的出发点就是为了装东西。但是编织工艺好的话可以用作装饰品，如果销售者愿意多花点心思，用一个好故事包装一下——为贫困儿童的梦想助力，那么消费者不再单纯地为了装东西而购买编织袋，而是在购买编织袋的同时献出了自己的一份爱心。这份爱心就是编织袋的价值，而这样的价值反过来说很快提升了产品的价格，并提升了产品受欢迎的程度。

正因为如此，我们有足够的理由去相信“故事”的力量，这种力量往往就像催化剂一样，可以有效提高销售额。单纯地进行产品宣传，如今很难起到太大的作用，销售者必须尽可能地放大故事的促销效应，因为讲故事本身就具备很大的优势。

**——最佳的广告宣传**

通过产品功能介绍，我们能够记起一大堆类似的产品，但唯有讲故事，我们才能在繁杂的商品市场中记住那个唯一。对于日益挑剔的消费者来说，他们很难会对某一款产品产生过于深刻的印象，因此销售人员必须打好宣传攻势，而故事自然会成为最佳的广告宣传模式。如果售货员口中所说的产品平淡无奇，那么消费者可能会一下子想出七八种类似的产品。没有故事，那么产品很可能会被其他产品所取代。

**——塑造企业形象和品牌形象**

在可口可乐的品牌形象中，最重要的一个要素就是那个“神秘的配方”，这几乎让可口可乐在所有饮料中独树一帜，并且顺利传承了一百多年。这个“神秘配方”其实就是一个非常好的故事，它完全奠定了可口可乐的品牌形象。而任何一个消费者在饮用可口可乐时，可能都会在内心产生联想：我喝的可是独一无二的东西！有朝一日，如果可口可乐的配方被公之于众，那么可口可乐将很快失去一大半的市场，销售额将会大打折扣。

企业的品牌应该通过什么东西来建立呢？技术？服务？质量？很显然，故事也应该位列这些要素之中，而且它对于品牌形象的确立和宣传往往要比其他要素更加有效，因为故事的存在让整个品牌变得更加丰满，变得更有底蕴。

**——提升品牌忠诚度**

一家百年老店的经营秘诀究竟是什么？它为什么持续受到大众的欢

迎和认可？恐怕真实的原因并不是因为它的东西卖得很好，并不是因为它的价格更加亲民，而是因为一种底蕴。就像我们看到同仁堂就会本能地觉得它很不错，尽管它的药比其他地方还要贵一些。或者投资家喜欢将钱放到花旗银行一样，对他们来说，利息或许并不高，但谁都知道这是一家出色的老牌银行。

这就是一种忠诚度，而忠诚度的关键可能就在于它们都是有故事的，这些故事代表了一种历史，一种文化，或者一种习惯。只要消费者听到或者见到这些，就会本能地做出选择，就像一个30岁的人一样，他同样会像5岁的时候那样痴迷迪士尼乐园。好的故事总是更容易让消费者对某一品牌流连忘返，而这就是它们的销售之道。

**——是一种核心竞争力**

为什么加多宝和王老吉总是争来争去，为什么它们都想要取得红色包装罐的专利？为什么王老吉拥有绿色包装的产品，却唯独要将红色罐装的主导权紧紧抓在手里？原因就在于这场“颜色之争”背后隐藏着的品牌故事，“红色”已经承载了王老吉和加多宝所有的故事和荣耀。在几乎所有的宣传攻势中，“红色”罐装都是主导品牌，红色就是两个品牌共同的核心能量。现在这个“红色”的标记几乎成为一个符号，很难想象王老吉如果不用红色，将会失去多少市场份额。

如果将话题延伸到品牌影响力与核心竞争力上，那么故事就是一种核心竞争力。但凡那些伟大的公司，都具有自己的文化优势，从LV到麦当劳，从阿迪达斯到苹果，每一个品牌都有属于自己的独特故事，销售人员就是依靠这些品牌故事来打造属于自己的核心竞争力的。

正因为“故事”具备如此多的优势，它才给销售带来了极大的便利。作为企业或者品牌的无形资产，作为一种沟通和交流的重要手段，

“故事”的存在让相关的产品变得更具吸引力，也让所有的产品变得更有灵魂，而这些恰恰是俘获市场和消费者的重要手段。正因为如此，很多商家认为卖产品就是在卖故事，一个会讲故事的人，更容易将自己的产品和服务推销给顾客。

既然故事可以起到促销的作用，而且它本身就是一个重要的卖点，那么卖故事究竟卖的是什么？为什么故事会让产品更加值钱、更加受欢迎？

简单来说，单纯地卖产品，所出售的是产品的使用价值，是卖技术、卖功能。一个扳手卖的主要是拧螺丝的力度和便利；一个蛋糕卖的是味道和食欲；一串鞭炮卖的是喜庆；一辆车卖的是速度和便利。那么故事的卖点究竟是什么呢？它在承载产品基本价值的时候，自身又具备了什么特点呢？

★故事卖的是心理感受度：通过故事的渲染，消费者可以对生活或者对产品本身产生更加深刻的感受。

★故事卖的是价值观：一个好的故事会引导消费者做出最准确的购买决策。

★故事卖的是说服力：消费者对于产品并不保持充分的信任，如何让消费者心甘情愿地购买产品，这恰恰是故事最擅长的功能。

★故事卖的是口碑：为什么有的品牌会深入人心，为什么有的品牌总是被人忽视，原因往往在于宣传的力度和效果，而好的故事会促使消费者对产品形成更好、更深刻、更立体的印象。

★故事卖的是时间穿透力：销售者都希望自己的品牌会延续下去，会拥有众多的回头客，而讲出一个好故事，可以有效提升市场和客户的忠诚度。

No story, no selling

Chapter 2

# 怎样才算好的故事?

在销售过程中讲述亲身经历比任意选择一个故事进行渲染要更加真实可信，而消费者也更容易被那些故事所打动。

# 1. 亲身经历是最佳的案例

有个人胃病疼痛难忍，于是就去中医馆看病。中医馆的老中医对其进行诊断后认为患者应该服用中药，然后开始为自己的中药进行推销：

“你应该尝试着吃我的药，那些西药现在已经不管用了，中药的风险是最小的，你知道吗？三百多年前的大清皇帝们也吃过这些中药，顺治皇帝出家前经常喝这种中药，疗效很不错，对于养胃补胃再好不过了。一般的胃病患者过来，我都是推荐他们服用这种药的，这可是正宗的皇家药物了。”

这个人看着老中医说得头头是道，可是还是觉得疗效不那么靠谱，而且这种药可能未必适合自己，所以决定再去其他地方看看。这一次，他来到另一家中医馆，然后让医生看病。经过诊断之后，医生很快就开出了一张药方。

“先生，您的病情和我之前接触的几位患者非常相似，你们的胃病发作都和脾胃虚寒有关联，这种病症在西医那儿可能看不太出来，但其实很常见。我上个月刚接触了一个和你具有相同病症的患者，对方一直都没有得到正确的治疗，最后越来越严重，甚至引发了严重的胃溃疡，医生也都认为他有患上胃癌的风险，不过服用中药后，对方这周来看病已经明显觉得好多了。”听完医生的话之后，他立即决定听从医生的建议，购买了几服中药。

为什么同样是医生，第一个医生的“皇家药物”反而卖不出去呢？而第二个医生的药物没有任何渲染和传奇色彩，却博得了患者的欢迎？原因就在于支撑整个故事的人物有所不同，皇帝固然听起来很不错，而且让皇帝来代言中药，的确可以增加药物的知名度。但实际上在整个故事中，高高在上的皇帝不具备太大的说服力，而且皇帝本身就和平常人的生活有些格格不入，虽然药物并不因人的身份和地位而改变，但是对于买药的人来说，他们会忍不住这样去想：“皇帝服用的药适合我吗？这真的是皇帝的药方吗？”这种疑惑会慢慢摧毁他们对药物价值的肯定。

而第二个医生则非常明智地讲述了一个自己经历过的病患案例，这个故事的最大优势就在于这是医生自己经历过的，而且也确实有疗效，因此，当医生现身说法的时候，患者会认为这是可信的，因此医生在推销自己的中药时会显得更加高效。

这个案例实际上涉及了一个最基本的概念：亲身经历，而这正是销售故事中的一个重要元素。就像那些出色的演说家一样，他们通常不喜欢拿别人做例子，尽管出于尊重有时候他们会选择用别人的成功来激励听众，但是很难想象比尔·盖茨在面对客户的时候，会成天将巴菲特或者扎克伯格的成功故事挂在嘴上。这就是一个心理战术，他们总是习惯说“我上次怎么样了”“在过去，我怎么样”，因为这是吸引对方最好的方式。

无论如何，亲身经历的事件会让故事变得更加吸引人，而且当一个故事中有演说者自己的影子和经历时，整个故事的影响力会变得更大，其拥有的价值也会更高。

首先是说服力，对于讲故事的人来说，故事的形式与内容多种多样，可以说别人的故事，可以编造一些故事，也可以说一些经过改造加工的故事，但是在整个销售工作当中，听众最感兴趣的可不是“某某人怎么样”或者“这个产品和某人之间的关系”，他们更希望听到的是销售人员或者商家与产品之间有什么故事，因为讲故事的人亲身经历了这些事情，那么有关这个故事和产品之间的一切联系，一切内容都很有可能就是真实的。对消费者来说，这些真实的故事最具说服力。

布鲁尔达只是一家小品牌公司，但是公司对于旗下经营的所有产品都用一个明确的故事定位。公司的营销负责人保罗要求每一个销售人员必须懂得讲故事，而且这些故事并不仅仅是公司的故事、老板的故事或者品牌发展的故事，还重点包括销售人员和自己所出售的产品之间的联系和故事。

保罗先生经常会走访每一个店面，然后随机挑选一个店员进行询问：“你能说一说自己和产品之间有什么故事吗？”这是一项最基本的考验，只有店员的故事让保罗先生感到满意，才算过关，当然不合格的人必须重新想办法找到自己与产品之间的这种联系，然后用一个令人信服的故事说出来。保罗先生认为顾客可不会随随便便就被一个糟糕的故事打动，只有亲身经历的故事才有可能说服对方。

其次是感染力，这是亲身经历的人具备的一个优势，而原因就在于亲身经历的人在讲述自身故事的时候会表现出更多的情感和个性化的特征。我曾经听过新东方创始人俞敏洪讲述马云的故事，在整个故事中，由于马云的人物形象是通过第三者（俞敏洪）来表述的，因此语音语调都会过于平稳，整个故事中人物的个性都是平面化的、书面化的，听众的情感起伏并不算太大。而当我听到马云的一次有关创业经历的演讲后，突然发现虽然并没有像俞敏洪那样给予一些很高的评价，但是它所表现出来的语言和动作，以及那些创业故事完全都让人陶醉，在描述发生在自己身上的那些故事时，马云表现出来的一切都更具感染力，整个故事浑然天成，让人的情绪很容易被带动起来。

这种明显的对比，其实就体现出了亲身经历的重要性，在销售中往往也是如此，那些能够将自己的经历与产品完美结合起来的销售人员，在讲故事的过程中，会不自觉地表现出一些丰富的情感色彩，而且由于主观意愿比较强烈，个性化的形象尤为突出，这远远要比第三者叙述的形象要更为立体、更为全面，也更加丰满。

心理学家也认为，人们在讲述自己的故事时，往往更容易表现出强烈的情感，也会表现出更为丰富的肢体语言。这些故事通常具有显著的个人特色和比较强烈的个人主观意愿，而这些都是情感的重要标签——因为主观性强的东西更加侧重个人内在的体验和精神觉悟，而客观性的分析则偏于理性（说别人的故事可能更加侧重于客观分析）。

正因为如此，在销售过程中讲述亲身经历比任意选择一个故事进行渲染要更加真实可信，而消费者也更容易被那些故事所打动。

## 2. 通俗易懂很重要

有个做销售的朋友有一天问了我这样一个问题："你觉得经典文学好，还是现在的青春文学小说和科幻小说更好？"我的回答是"经典文学作品"，不过朋友突然追问了一句："不过你知道为什么多数人最终都喜欢看那些艺术手法并不高明的言情小说、科幻小说吗？"

这样的问题并不太难回答，但也绝对很复杂，这涉及消费者或者阅读者的心理，以及整个社会的流行文化趋势，加上不同层次的读者对于故事的需求，种种因素才会造成好书没人看，而通俗易懂的速食文化大受欢迎的现象。

在这个问题中，我的朋友以书籍为例子，目的是为了指出目前销售行业中的一些消费心理，简单来说，多数消费者仍然愿意接受一些更为通俗易懂的故事性引导。如果从讲故事的角度来说，讲故事的人通常会存在这样一个误区："我们的故事必须非常有味道，必须表现出更深层次的东西，必须显得很有内涵。"但实际上好故事就应该具备大众化，而不是精英阶层的精神粮食。就像安徒生一样，他的故事通俗易懂，根本没有那么多的哲思，没有那么多深层的内涵，无论是孩子还是老人，都能够轻易读懂他所讲述的内容以及传达的意思。

在行销中也是如此，销售者能够讲述一个大家都听得懂的故事，这个故事才有可能被大众消费者所接受和认可，如果故事显得很有内涵，那么整个故事反而显得过于高档而脱离了群众基础。卖鞋子或者卖衣服的人是不适合讲述一个充满哲理的故事的，也不适合像文学作品一样来构思自己的故事。

好的故事应该是大众化的，尤其是行销故事，商家或者销售人员都必须针对大众的口味来讲述这个故事，或者说他们必须照顾大众的思维和情感。所以故事的基本架构并不需要多么复杂，并不需要有太多的隐藏在内的高级思想，所有的内容必须是明确易懂的，至少不会让人觉得“我听不懂你在说些什么”。

当一个故事说完之后，如果消费者仍旧觉得自己听得一头雾水，那么这个故事就显然失败了，因为故事的最终目的就是为了打动消费者，就是为了产生一种交流，如果这种交流被中断了，那么故事就失效了。

五粮液集团的一位股东曾经对公司的品牌故事和行销故事不太满意，他在股东大会上一直强调一点：“我们不应该提倡讲故事时过于追求深层次的含义，一切应该是自然而然表现出来的，所有的故事最好能够明确这样一个叙事原则，那就是从简单通俗的故事中引出大家都能够理解的内涵。”

无独有偶，苹果公司的品牌形象设计负责人德隆也说过：“故事应该有自己延伸的东西，但这种延伸是可以窥探和感知到的，我们没有必要挖掘一条地下河，因为没人愿意和我们猜谜语。”

英国的一家家电公司则要求每一个员工针对不同的顾客设计出不同的故事，而这些故事的一个重要条件就是通俗易懂。

这些公司都提到了一个重点，那就是故事的通俗性，在他们看来通俗的故事是维持整个销售活动的重要因素，而所有的销售行为和销售故事都是建立在别人能够接受和认可的基础上的。周六福珠宝店某分店的营销顾问史蒂夫先生说：“你觉得顾客会花费大量的时间听一堆根本就难以理解的东西吗？或者仅仅为了一件产品，他们可不会像猜谜语一样动用自己的脑子，又或者他们会觉得商家不过是故弄玄虚罢了。”很显然，顾客对于行销故事的接触更喜欢运用感性认识，他们所认为的故事应该是这样的：这是一个我能够找到情感共鸣或者产生某种直观的、强烈的感受的故事。对他们来说，总会对商家的故事有一个基本的期盼：“我应该了解这一切”“我应该能够很好地理解这一切”。

一个书商在卖书的时候，对消费者讲述了一个农夫、乌鸦、猴子与山羊的故事，这些动物分别指代了不同的消费群体，而农夫指的就是商家，他分别对这些动物说了很多话，这些话饱含哲理。但是消费者却根本理解不了书商的话，他们不知道那些动物代表了什么，不能理解农夫为什么要说那样的话，他们无法看清楚这个故事背后到底隐藏着什么内涵。

从书商的角度来说，这些故事都非常好，有内涵，有深度，充满哲理，书商会认为这是传递文化气息的一种方式，会认为是一种非常不错的交流方式。但是对于读者来说，由于文化水平、领悟能力都有所不同，不可能对那些深层的故事理解那么透，所以最终的结果是他们中的一部分人根本没有办法弄清楚书商想要表达的意思。

书商也许会觉得我可以将书卖给那些看得懂的人，或者喜欢看书的人，可以将故事讲给那些高级知识分子来听。但需要注意的是，即便是卖书的人，他所面对的也应该是大众消费群体，因此不能将故事局限在某一个特定的小群体范围内，不能轻易将故事的内在标准拔得太高。一个被过度包装和拔高的故事，通常都会“高处不胜寒”，最终不能被多数人所接受，而这样的故事就没有任何行销的意义。

我在温哥华的产品展销会上，遇到了无人机制造公司科勒公司的行政主管拉米尔斯先生，他谈到了故事行销的问题：“你觉得我们应该谈一下无人机飞行的故事，还是通过讲述阿根廷人与潘帕斯雄鹰的故事来引出无人机的性能？”多数人为了保持故事的新颖和深度，会选择后者，但是拉米尔斯却说：“我们谈论的就是无人机，不是阿根廷，不是潘帕斯雄鹰，不是别的什么，客户也不会关心别的什么。”

在拉米尔斯看来，故事的针对性应该非常明显，故事所要表达的想法也非常明显，这样才能直接影响到消费者的判断，如果拐弯太多，故事的意思隐藏太深，那么消费者想要将整个故事理解透彻就会变得很难。讲故事的目的是为了传达某种理念或者进行某种交流，因此简单易懂应该是一个基本原则，讲故事的人必须讲出一个被所有人或者多数人能够理解的故事。

而通俗的故事一般都具备这样的要素：

——故事的语言比较通俗、直白，道理相对浅显易懂，讲故事的人不要用太多深奥的、学术化的语言，不要用太多修饰比较强的句子；

——故事中的内容比较简单，里面的角色与剧情都比较清楚；

——故事的脉络非常清晰，听众可以循着这条脉络很快理清自己的思绪。

只有做到这三点，整个故事才更容易被人理解和接受，商家所要表达的意思才更加清楚。

# 3. 故事的三观一定要正

美国枪支问题一直困扰着联邦政府，而售枪不严谨的问题则是重要的导火索，联邦调查局的科尔先生在过去走访了很多枪支店，发现销售人员和店家为了吸引顾客的注意，经常用一些不健康的语言或者具有误导性的“坏故事”来介绍自己的产品。在一些黑人社区，许多卖枪的人会吹嘘“有人曾用这样的枪一下子爆掉两个人的脑袋”，而不是“有人曾经用它击穿一块钢板”。像这种误导性的故事让很多家长忧心忡忡，他们坚决要求政府想办法让这些枪械店趁早关门。

这不仅仅是一个严重的社会问题，其实也反映出了一些销售现状，比如销售者一些不负责任的言论和一些三观不正的故事，导致整个行销行为出现变质，最终产生一些消极的影响，而从长远来说这一类故事会遭到多数顾客的抵触。

故事行销必须注意所要表达产品的形象，否则就会造成很大的负面影响，其实产品本身是中性的，产品所表现出来的价值往往也没有太过明显的趋向性，很多时候取决于说故事的人怎么去说，取决于销售人员如何用一个故事来重新构建它们的价值。

有个顾客去一家百货超市购买老虎钳，结果售货员口无遮拦地提到了一件事——有劫匪用这个轻易就撬开了工厂的门锁。几天之后，这家百货超市受到了相关部门的处罚，罪名是涉嫌用一些不健康的故事和语言教唆他人犯罪。

就像枪支问题一样，这是很多销售人员容易犯下的错误，他们甚至都不清楚自己在试图以一种更为新奇的方式说服顾客时，恰恰落入了一个“坏故事”的陷阱，而这个坏故事不仅不能起到提升销售额的效果，而且往往会给产品形象蒙上一层阴影。“有人曾用这样的枪一下子爆掉两个人的脑袋”，这并不是一个负责任的说法，事实上，聪明的商家懂得给自己的枪支上贴金。我在纽约一家枪械店闲逛的时候，店家老板非常殷勤地向我推荐了一款枪支：“我知道你们中国人都不太喜欢这些东西，但是对我来说，这就是一种荣耀，独立战争时期，我们就是用它来解决问题的，它们可是消灭了不少殖民者。”这样的故事让人听起来心情愉悦，非常舒服，尽管我知道这些枪支在历史上也犯下过很多罪行，比如屠杀了大批印第安人。但这个故事并没有在店家的谈话中出现，这绝对是一次成功的销售，我甚至也产生了一种想要购买枪支的冲动。

当销售人员换一种说法的时候，换一个故事的时候，情况就会变得截然不同，而这就是讲故事的一个要点，那就是一定要确保故事的价值观是正确的。对于那些世界级的大公司、大品牌来说，它们非常重视产品的形象，尤其在营销的过程中，相关人员的素质以及讲故事的能力一定要得到保障，因为任何一个不合时宜的观点都会对公司的形象造成毁灭性的打击。

法国一家汽车公司在销售汽车的时候，一位员工对顾客这样说道：“我们的汽车在任何地方都能够行驶，就像非洲那种鬼地方，据我所知很多非洲人用它穿行撒哈拉沙漠，当然还有其他一些鸟不拉屎的地方。”就是这样一句半开玩笑的话却被人投诉。显然员工的故事并不有趣，他冒犯了非洲人民以及那些热爱非洲的人，而这种地域歧视最终让汽车在非洲市场的销售额下跌了40%。

讲故事并不仅仅是技巧，还有一个最重要的因素——价值观，这才是整个故事的内核，才是一个故事能够吸引人、打动人的关键因素。在故事行销的过程中，像种族歧视、地域攻击、扭曲人性、恶意中伤、刻意歪曲事实的行为都是不被容许的，这些在大方向上出现错误的价值观最终会给产品销售带来大麻烦，即便是一些不那么严谨的故事，或者内容存在歧义，缺乏正确价值导向的内容，也同样会导致严重的问题。

价值观实际上是一个非常重要的话题，这些话题很容易被人忽视吗？销售人员是否会刻意扭曲一些主流价值观呢？一个好的故事应该是怎样的？

在过去几年时间里，我尝试着做一些市场调研。我对超市、商店、专卖店里面遇到的那些销售人员进行了采访。每一次，我都会用笔仔细地记录下那些话：

“如果一款商品的应用功能足够强大，价格又低，但是存在污染，你会忽视环保的重要性吗？你如何向顾客推销自己的产品？”

“你平时是否会对顾客开一些不那么道德的玩笑？”

“为了卖出一件产品，你是如何构建自己的故事的？”

“顾客们是否对你的故事感兴趣？”

“有没有接受过顾客的投诉？”

“你重视故事的内容，还是重视故事的形式？”

“你认为自己的故事有什么特点？最重要的特点在哪里？”

“你觉得顾客更喜欢什么样的故事？”

“一个故事最重要的是什么？”

“你是如何向顾客传达自己的理念的，这些理念是否合理？”

“相比于产品，你更加在乎什么？”

……

对于这些问题，我的目的不仅仅只是为了记录，更是为了从中挖掘一些规律，后来我花了一点时间从差不多一万条的谈话中，归纳出了一个现象：销售人员对于价值观的把握大体上是一致的，而消费者对于价值观的认同大体上也趋于统一。一旦行销故事出现了价值观上的偏差，就可能会出现严重的问题，会连累产品的形象和具体的销售量。有些销售人员刻意求新求变，甚至运用技巧经常说一些有违常理常规的话，虽然某些故事可以起到非常好的吸睛效果，但是为了吸引顾客而违背社会主流价值观的故事只会成为销售过程中最大的败笔。

此外，价值观问题往往和个人基本的道德观念息息相关。如果将私德当作一个重要经济学和营销学概念，相信很多人都会觉得很不妥，不过在经济学领域中，私德的确扮演了一个重要的角色。如果个人的私德很差，那么他所说的话往往会暴露出一些破坏性的力量，这时候销售的产品就会受到牵连，私德不好的商家也会遭到消费者唾弃。

## 4. 好的故事首先必须有创意

故事是销售中的一个重要内容，但是讲故事并不意味着一定可以促进销量的提升。讲故事的人很多，但是会讲一个好故事的人并不多见，有的人讲完故事后可以吸引他人的关注，让人耳目一新；有的人讲故事时，别人可能已经昏昏欲睡；有的人讲故事时，他人早就猜到了故事的结尾。

讲好一个故事很难，需要出色的技巧，需要契合产品的价值，但最重要的一点就是创意，故事行销同样需要创意。在传统的销售活动中，商家所秉持的想法是："不要试图总是用一些完全违背常理或者违背现实规则的方式去吸引顾客，作为社会人，他们接触的人和事，他们所接受的教育和影响，实际上都具有很强的现实性，他们都是活在现实当中的人，所以无论怎样，他们都愿意面对和认可那些普遍存在的规则，而对那些新奇的、非常规的、非主流的东西产生质疑和反感。"

在这种思维下，我们会产生这样的错觉：当所有人都认可某一种法则的时候，任何试图挑战这种法则的人都会受到排斥和谴责；当多数人都在倾向于坚持某个既定的原则时，任何违背这个原则的行为都会引起强烈的批评。

这种错觉在某些时候就是群体思维或者群体行为的一种常见表现——哪怕带有一定的盲目性，群体也绝对只对那些自己经常接触或者已经熟悉的制度、法则负责。正因为如此，多数商家在故事行销的过程中，都会觉得故事所要表达的东西应该是一种普遍性的规则，哪怕是存在一些新颖的东西（通常是指理念和方法），也不能过度破坏那些既定的社会规则和规律。

但我们可以回味一下广告策划大师乔治·路易斯所说的那句话："广告没有法则——它所需要的是灵活的思考而不是'法则'。"在他看来任何一个故事都是用来打破规则的，广告就是打破规则的艺术，而不是建立规则的科学。在销售过程中，这种说法同样成立，销售人员的故事必须创意十足，这样才能吸引到顾客更多的注意。

虽然销售人员还不懂故事行销，但由于"故事"的重要性，实际上很容易出现故事"泛滥"成灾的现象，一些原先不懂得说故事的人，可能会被领导强制要求掌握讲故事的技能，但是讲故事和讲好故事以及讲一个好的故事是完全不同的概念。由于故事在销售活动中的需求越来越大，作用越来越大，故事行销很容易在疯狂的趋势下丧失应有的作用。

保洁公司的区域副总裁德尔菲诺说："售货员或者服务员总是很卖力地说服顾客，他们拥有自己的一套理由，也有不错的故事，但是顾客其实对那一套已经非常熟悉了，无论是酒店、商场还是专卖店，只要售货员开口讲故事，我们都会抿嘴一笑——'不过如此'。"

事实上，一个好故事并不一定需要多么精彩的内容，但是它必须拥有足够的创意，必须带给人眼前一亮的感觉，让人觉得这个故事就是与众不同的，而这种功效无疑就是为了在第一时间吸引顾客的注意力，以便提升产品的魅力值。

而故事的创意主要体现在哪些方面？换句话说，什么样的故事内容才是创意十足，并且能够吸引顾客关注的呢？

前几年《功夫熊猫》风靡全球，在电影制作之前，导演一直就想拍摄一个有关熊猫的故事，作为中国的国宝，这部电影从一开始就瞄准了中国市场，制片人也扬言要在中国卖出一部好电影："我们要将熊猫重新卖给中国人，这还是一笔稳赚不亏的生意。"

但如何才能卖出一部好电影呢？实际上熊猫虽然几乎是全世界都耳熟能详的动物，大家都对熊猫的形象了如指掌，而在中国也拍摄过一些有关熊猫的电视和动画，因此如何用一个好故事来渲染电影，然后将电影推向中国市场，这是一个非常大的难题。

一开始，编剧们设计了各种熊猫的形象和剧情，而无一例外都是一副憨态可掬的乖巧形象，这让导演不太满意，他意识到一旦这样的动漫角色出现在荧幕前，观众们尤其是中国观众一定会这样去想："这是一个老掉牙的故事，这是一只每个人都认识的熊猫。"正因为如此，他要求编剧和设计师重新设计熊猫的形象，而这个形象必须是颠覆性的，必须充满故事性、趣味性和意外性。

有一天，有人想到了一个好点子，"为什么不将中国最出名的两个元素结合起来呢？"也就是说将功夫和熊猫结合起来，而这直接促成了《功夫熊猫》的诞生。而当电影上映的时候，观众们突然发现银幕上所呈现的并不是生活中所认识的那只可爱的、卖萌的小动物，而是一个喜欢耍宝，而且身手不凡的武林高手。无论是动漫形象还是故事，都颇具颠覆性，让人完全意想不到，电影也完全称得上脑洞大开。而这部电影最终在全球大卖，尤其在中国市场，更是受到了热烈的追捧。

从这一方面来说，制片方在销售电影时的确打造了一个充满创意和趣味的故事，塑造了一个与现实生活认知完全不相符合的动漫形象，这类故事通过破坏熊猫原有的形象和味道来塑造新形象，已经打破了常规，因此会对观众造成很强的冲击。在销售活动中，为了凸显出产品的特性和价值，可以利用一些非常规的故事来进行渲染，在第一时间抓住消费者的注意力，而这种注意力对于产品形象在消费者心中的确立至关重要。

突破常规是创意最直观的体现，因为它能够带来比较大的反差，而这种反差往往更容易产生强大的吸引力，这种创意则可以通过多种形式表现出来。

### ——与众不同

对于销售人员来说，大家如果都以同样一种模式讲故事，或者都说同样一个故事，那么再好的故事也会黯然失色，所以寻求特色成为故事行销的一个重点。一般的服装品牌都会邀请明星代言自己的衣服，售货员也会宣传这些明星的故事来提升服装的销量。但是一家服装公司却做出了一个惊人之举，将一条裤子套在了一头牛身上，然后进行宣传，他们的员工拿着照片向顾客炫耀，然后认为自己的裤子质量非常有保证。

显而易见，相比于邀请明星代言，让一头牛参与代言活动的场面更加震撼，而这种另类的故事行销方法也为该品牌赢得了很大的声誉。很多顾客在听完商家的介绍之后，会产生很大的购买兴趣；而相比之下，明星代言的产品因为过于繁杂而显得不那么起眼了。

### ——截然相反

对于很多讲故事的人来说，听众可能会猜到故事的内容和结局是什么，或者以何种方式来终结，这种故事行销的方法往往会让消费者或者客户产生审美疲劳，而最终的结局就是他们对产品失去兴趣。从某种程度上来说，那些结果很容易被人猜到的故事会反过来成为产品销售的累赘。但是如果销售人员愿意换一种思维和方式来构思整个故事，然后提供一个完全相反的结局或者内容，这种反差性会迅速夺人眼球。

比如有些商家会讲述自己的成功经历，并以此延伸到自己所销售的产品上来，而有的商家反其道而行，讲述自己的种种失败，并通过这些失败来激励自己不断完善产品的质量。这样的表达显然也是一种非常不错的销售方法。

实际上，创意的内容很宽泛，除了反常规之外，很多故事内容与形式上的变革也属于创新，比如很多故事中加入了互动元素（让顾客参与其中），很多故事进行了留白（激发顾客的想象力），有些故事则侧重于讲述方式的改变，比如以表演的形式进行促销，用机器人来讲故事，从本质上来说，这些都是非常有创意的故事，也能够产生非常不错的效果。

## 5. 不要忘了在故事中设置冲突

如果一个故事波澜不惊，那么故事的精彩程度和吸引力就会大打折扣，就像小说和电影一样，剧情的承转起伏通常需要通过矛盾冲突来推动，可以说在整个故事中，冲突是一个重要的内容。制造冲突也成为讲故事的一个重要步骤，善于制造冲突的人，善于表现冲突的人才能够更好地表达出故事的魅力。

冲突是故事中一个必不可少的要素，正如社会学家丹尼·史密斯所说的那样："如果灰姑娘没有被母亲和姐妹虐待，没有丢掉那双水晶鞋，那么整个故事就不能成为《灰姑娘》了；如果电影中的人物关系一直很平顺，没有误解和仇恨，没有厮杀与叛变，那么电影就会变成平淡无奇的生活纪录片。"在史密斯看来，没有矛盾冲突的故事并不算是一个好故事，至少不是一个能够吸引住听众的好故事。

在销售中也是如此，一个毫无剧情的故事，一个平顺而没有任何转折的故事并不会带来多少情感上的震撼，想要真正引起别人的关注，就要懂得制造一些必要的冲突。比如，顾客通常都希望能够买到物美价廉的产品，而销售人员的目的是为了追求利润，这样一来两者之间的关系会存在一定的冲突，而这种冲突往往会成为制造故事冲突的一个内容或者突破点。

在面对这种分歧和冲突时，销售人员讲的故事一般可以分为两种，第一种可以称为“恐怖故事”。所谓恐怖故事其实指的就是一些低劣产品带来的后遗症，销售人员在讲故事的时候，可以重点提到某位顾客在购买价格低廉的物品时，遭遇到的一些惨痛的经历和教训。比如电热水器，对于那些想要购买便宜货的消费者来说，他们对于产品的品牌和质量并不那么看重，只要能够加热就行了。所以他们在谈判的时候经常会参照那些低价格的产品来向商家施压，在他们看来某某产品的价格要更低，因此没有必要花更多钱买贵的。

针对这种情况，销售人员或者商家可以主动制造冲突，将价格低廉和质量低劣作为故事的核心观点，以及两个冲突点来进行讨论。这时候他们会说某个消费者在购买某个便宜的热水器后突然在洗澡时发生了漏电事故，或者热水器将电线给烧掉的危险事故。这类恐怖事件就是低价格产品带来的严重冲突，而这也让消费者在购买产品的时候变得更加谨慎，不再对那些便宜货着迷，转而会购买商家推荐的那些质量更好的产品。

“我并不质疑这些药物的疗效，但实际上有位患者在服用药物后，出现了负面影响与后遗症。”

“很多女生在使用那些价格低廉的化妆品后，她们的脸很容易出现过敏反应。”

“我不想说我们的产品究竟会有多好，但是至少不会在一个月内出现多起意外事故。”

……

这些都是非常巧妙的交谈方式，而“恐怖故事”的存在之所以具有很强的说服力，原因就在于故事中这种冲突往往不符合人们对产品使用价值的预期，他们并不喜欢出现什么意外，不希望自己会出现价廉物不美的悲惨结局，甚至造成一些额外的伤害和损失。这种心理正好被讲故事的人把握住了，所以他们往往会利用这些故事和冲突来赢得这场心理战。

如果说“恐怖故事”突出表现的是一种反面案例的教育和引导，那么与之相反的就是正面教育和引导，这就是所谓的“美好故事”，美好故事主要突出的是好产品的功效与价值。通常情况下，销售人员可以对顾客说类似的故事：某个顾客过去一直都在购买一些价格低廉的产品，某一天当他提高预算购买一些更好的产品后，发现生活品质得到了很大的提升。

这种转变其实也是一种冲突，是现在与过去的冲突、比对，而这种冲突和比对则恰到好处地显示出“价格高的产品质量更好，带来的享受更大更多”的观点，消费者或者客户在听到这样的故事后，往往会想办法追求那些价格更高、质量更好的产品。

据说苹果公司在收购一家耳机制造公司的时候，对方是这样和乔布斯说的：“在过去几十年里，我敢打赌你没有真正听过什么才是好音质的音乐，现在你该看看我们的产品了，而我的手头也有一大批开始真正享受高音质生活的人。”乔布斯一下子就被吸引住了，然后双方开始了谈判，而这家公司最终成功出售了自己的耳机制造技术。

这就是冲突的重要性，它让整个故事变得趣味十足。事实上，故事所追求的是一种美好生活，这是故事的“追寻元素”，在追寻的过程中，通过设置一些转折和问题，然后将问题圆满地解决掉（这种解决方式会巧妙地转嫁到产品上，产品可以有效地解决各种阻碍、疑惑、痛苦、危险以及转移焦点的困境），这刚好契合了消费者对于美好生活体验的目标，而且这个目标是越来越清晰的。

# 6. 打造一个令人难忘的结局

你是如何构思故事的结局的呢？你是如何看待结局在整个故事中的重要性的？你觉得一个好的故事结局应该是怎样的？你觉得自己能够讲出一个非常新颖的结局吗？你觉得自己故事的结局能否打动人？

以上这些问题都是故事行销必须面对和思考的问题，商家或者销售人员必须继续想办法给自己的故事设置一个完美的结局。那么一个好的故事应该有什么样的结局，这个结局必须具备什么样的特质，或者说什么样的结局才称得上是好的结局，才称得上是一个有吸引力的结局？

品牌营销学专家戴文在《行销与故事的基本架构》中，提到了一句话："我们孜孜以求的故事结局通常也是消费者期望看到的，但这种期望有时候会带来审美疲劳，所以一个好的结局并不意味着销售人员在故事发展的背景下平铺直叙地加以引导，而往往需要采取一些巧妙的技巧来避开这种期望，并重新规划故事的发展线路。"在这里戴文提到了一个关键词，那就是"避开"，这就说明了一点——好的故事，其结局并非符合大众的固定思维模式，换句话说，这些结局是出人意料的。

出人意料的目的就是为了设置一些悬念和反差，就是让整个故事看上去更加让人印象深刻且难以忘怀。一个故事有冲突、有曲折才会好听，而这种曲折不仅仅体现在讲故事的过程中，还体现在故事的结尾。一个优秀的行销人员要懂得设置一个出人意外的结局。这个结局与故事的整体进程不太相符，甚至完全是相反的。或者说当消费者认为这个故事将会向某一个方向发展并终结时，行销人员却将故事带入另外一个方向，以一种非常规的手法来结束，这种反差会带来很好的效果，让人印象深刻。

制造悬念和反差的确可以引起更多的注意，至少对消费者来说，只要整个故事的结局尚且在接受的范围之内，那么这个结局就是成功的，它以一种全新的或者与众不同的姿态来改变人们的思维模式，并带来全新的体验和想法，而这本身就足够让人印象深刻了。

一部好的电影常常在最后才说出结局，之前所有的情节发展和剧情的铺垫都刻意营造某一种氛围，但最终的结局却走向了完全不同的方面。在行销故事中，讲话的人同样可以借鉴电影的这种艺术，刻意想办法打破思维的常规。一家电气公司在对外销售的时候讲述了自己的创业史和发展史，但是最后并没有提出大团圆式的结局，没有像其他企业一样在百折不挠中获得成功，而是讲述了自己失败的事实。这个故事并没有像过去一样讲述一个渐进式的成功案例，而是以失败来结尾，但出人意料的是这样的结局却让产品大受欢迎，公司的产品缺陷被当成了一个诚实的标签，毕竟在顾客看来那些所谓的成功产品其实也存在很多问题，但那些有问题的产品习惯了自我掩饰和包装。很显然这种讲故事的方法有些兵行险招，但效果却非常好。

除了设置一个出人意料的结局之外，想要让结局变得更加令人难忘，那还要增加故事的感情因素。一个人性化的小故事，一个充满强烈情感的小故事，往往让人心动，如果在结局设定一个更大的情感能量包，那么故事必定会更具魅力，对于消费者的冲击也更加强烈。

有人曾经这样描述故事的结局："故事结局的焦点会聚焦在品牌现有的正面特质上，该公司的故事仍然强调其确立的重点，如果借由品牌的有效卖点创造出震撼人心的故事，便能产出一种情感联结，将你的潜在顾客和你的组织所作的承诺联结起来，这种联结不仅能够赢得一时的顾客，还能赢得终身的顾客。”

在这里实际上所提倡的就是故事结尾的内容要足够震撼，足够打动人，而这种震撼完全可以通过情感来实现。故事的结尾一旦拥有足够的情感，这些情感便能够借助结尾的几句话瞬间爆发出巨大的情感力量，从而确保整个故事能够充满情感元素，而情感越充足，通常就越容易产生共鸣，并由此在消费者心中留下更深的印象。

通常情况下，情感充足的故事更容易触动人心，尤其是结尾部分如果足够煽情，足够制造更多的兴奋点或者泪点，那么结局不再是一种单纯的故事终结，反而会成为故事的另一个高潮。这种情感的突然迸发会将消费者的情绪推到一个顶点，并且让整个故事余味无穷，它能够极大扩展故事的影响力。

一个生产鞋子的厂商讲述了一个感人的亲情故事。因为贫困而买不起鞋子的一对母子，为了让孩子能够穿着鞋子去上大学，母亲将自己的鞋子改小了给孩子穿，而当孩子寒假回来之后，却发现母亲一直坐在床上不肯下地，等到他掀开被子后，却发现母亲那一双由于经常下地而被冻伤溃烂的双脚。

在故事的结尾，所讲述的就是母亲那双烂掉的脚，这个故事的高潮不是前面的剧情，而是最后儿子掀开被子看到母亲的脚后，在这里整个故事戛然而止，但消费者显然已经了解了故事想要传达的内容和意思。整个结尾的情感旋涡已经足够震撼人心了，接下来的很长的一段时间内，消费者都会被这个结尾所打动，并且将其作为故事的一个标配。

同制造意外性相比，在结局中加入更多的情感元素无疑会增强故事的魅力值，也会让整个故事变得更具影响力。而无论如何，结局往往是故事最核心的内容，是点明主旨的内容，也可能是情感传播最后的关口，只有确保整个故事有一个好结局，有一个被消费者成功接受和认可的结局，商家的故事才能算是成功，否则将会成为一个烂梗。

No story, no selling

Chapter 3

# 销售者究竟应该如何宣传自己

任何一个故事都是为了宣传产品或者品牌，因此故事中必定会有自身的影子，会有很多自身的特质，这些就是企业或商家在讲故事时需要加入和强调的东西，并且一定要设法让消费者感知到这一切。

# 1．“我是谁”是故事行销的第一步

在讲故事的时候，通常站在讲台上的那个人会先进行自我介绍，或者通过故事来展示一个相对完整的自己，这是自我展示的一部分，也是一个故事得以缓慢展开的前提。在行销故事中，更是如此，对于任何一个讲故事的企业来说，首先需要做的并不是要求或者引诱顾客直接购买自己的产品，而是想办法告诉消费者“我是谁”，想办法让消费者了解自己究竟是做什么的，能够带来什么帮助。

其实，有关“我是谁”的说明，就是一种自我定位，即企业或者商家通过自我定位来明确自身的优势和功能，来明确自己产品的价值以及对消费者所能产生的影响。比如NIKE公司宣传的理念就是“英雄”，早期的英雄塑造者是乔丹（NBA最佳篮球运动员）、伍兹（伟大的高尔夫球手）等超级运动员，到后来，NIKE开始将故事的脚本选择为普通人，甚至是残障人士。这种转变的核心理念就是“英雄”——只要足够努力，人人都可以成为英雄。

比如在1988年，连年销售业绩不佳的耐克发布了最新款的跑步鞋，并且率先使用了“Just do it”的广告词，之后这句广告词几乎成为主流的口号。在这些广告画面中，既出现了很多运动明星的故事，也多了很多普通运动爱好者的身影，这让NIKE塑造英雄的理念进一步深入人心，尤其是朗朗上口的这一句“Just do it”，含义丰富：“我只选择它”“让我试试”“这就是我的成功之道”“我只需要这样做”“坚持下去，就是这样”。

通过这些口号和画面的渲染，耐克公司向所有普通人发出了这样的暗示：“只要你肯努力，只要坚持这么做，你就是英雄。”在无形中，它给所有人传递了这样一个信念，并且将他们定位成“潜在的英雄”，或者“每一个人都是生活中的英雄”。当然，最重要的是，这些所谓的“英雄”都有一双耐克运动鞋，而那些未来的英雄则需要一双耐克运动鞋来开拓自己的英雄之路。

事实上，耐克公司有效地让自己成为“英雄理念”的传播者，或者是“英雄”的制造者，接下来只要穿上耐克球鞋，只要按照耐克的指示去做，那么所有人都有可能成为“英雄”。自然而然，消费者很快被这条广告打动了。在1990年，耐克公司就夺回了暌违已久的运动鞋品牌“全美第一”宝座，而在之后的10年时间里，耐克快速发展，从一家年营业额仅仅为8.77亿美元的没落品牌，成为一家每年从全球运动市场卷走92亿美元的超级大鳄。到了2014年，耐克公司的总营收已经达到277.9亿美元，净利润高达26.9亿美元。

耐克公司的销售方式其实就是一种自我定位，它会向顾客或者消费者传达这样一个信息：“我是英雄或者是英雄的制造者”“我能让你成为英雄一样的人物”“我的理念就是人人都可以突破自身的局限”。这些定位凸显出了耐克公司的市场价值以及它在消费者心目中的地位，最终也受到了市场的欢迎。

这其实是一个最基本的销售命题：只有消费者了解了你是什么，了解了你能带来什么，他们才愿意相信并产生消费行为。一般情况下，对于那些新进入市场的产品来说，更需要明确这种定位，更需要向消费者展示自身的产品、作用以及价值。

任何一个故事都是为了宣传产品或者品牌，因此故事中必定会有自身的影子，会有很多自身的特质，这些就是企业或商家在讲故事时需要加入和强调的东西，并且一定要设法让消费者感知到这一切。一旦商家没有办法传播自己的文化理念和内在特质，消费者也就无法对该公司的品牌或者产品形成一个具体的印象，也无法了解这个产品背后所隐藏的内涵。

行销故事必须明确自己的定位，在市场上扮演的角色以及在消费者生活中扮演的角色，而不仅仅是介绍产品给顾客认识。索尼公司标榜自己是让人心想事成的“魔法师”，肯德基认为自己是工薪族的超级饭馆；苹果公司曾经认为自己是智能化生活的导师（APP软件的广泛应用）；希尔顿酒店对自己的定义是“安全舒适的港湾”。这些公司和品牌都在具体的销售活动中提到了自己的定位和价值，都向消费者做出了某种价值展示和承诺，而这种承诺通常都会引起消费者的兴趣。

实际上，在很多时候，消费者带有一些主观的盲目性，在消费的过程中可能会存在盲目判断和跟风的行为，但在多数时候，他们显得很谨慎，会认真对待自己所要购买的商品，至少在第一次购买和消费的时候，他们始终抱着怀疑的态度来看待这些产品。所以一旦他们无法弄清楚这些产品是什么，一旦他们无法从商家的行销故事中收集到更多有关品牌和产品的信息，无法了解企业的价值观以及商业理念，那么就不会贸然购买这些产品。

对于很多消费者来说，这是必然的选择，谁也不愿意为自己不了解的产品付钱，谁也不愿意冒险享受自己所不了解的服务，所以解决问题的关键就在于商家必须主动地在故事中说明一切，必须将自己展示给消费者看，并且尽可能地让对方了解自己。

正因为如此，行销故事的第一步就是要向消费者传递这样一个信息："我是谁"。而整个故事的推进实际上也是为"我是谁"服务的，这等于是在消费者面前做一个最基本的定位，而这通常是一种区分于其他企业和品牌的定位，品牌或者产品具有很强的特质，从而确保消费者会对产品产生更深的印象。

## 2. 告诉他人你存在的价值

任何一家公司或者任何一个品牌的定位，实际上不仅仅要告诉别人“我是什么”“我主要做什么”“卖何种产品”。还有一个方面其实同样很重要，那就是“我的价值点在哪里”，换一个更直接的说法就是“我能为你提供什么”，而这其实就是“我”存在的一个基本价值。对于一家公司来说，它的行销故事必须表现出这种价值，这样才有机会赢得消费者的认可。

事实上，任何一个品牌可能都是如此，为了在销售中获得更多的关注，它们必须向消费者提供一些有趣的、有价值的东西。这些价值是消费者所需的，也是消费者最看重的，因此销售人员必须想办法利用这些价值来打动消费者。

比如洗发水有自己的价值，而这种价值体现在多个方面，比如润发护发、滋养头皮加去屑、保持头发不开叉、保持头发柔顺光滑。对于不同品牌、不同功能的洗发水，在销售的过程中，销售人员必须加以区别和定位，尽量突出不同的功能和价值，以此来吸引不同需求的客户群体。

地砖公司在行销的过程中，会重点突出一些自己的社会性功效，比如下雨后，鞋面上容易沾上泥土，而地砖的使用就是为了防止鞋子弄脏，这就是它存在的价值。如果城市的人行道都用水泥来浇筑，那么整个街面就会显得死气沉沉，缺乏生机和色彩，“让整个城市看起来更加具有色彩和生机，让路人能够拥有更好的心情”，这同样是它存在的价值。

一家广告公司在推销业务的时候，它的行销故事中必定会强调自己的价值，这个价值一定是客户需要的——客户们缺乏更好的创意，客户们的品牌没有打响，客户们不知道如何向外宣传自己的理念，不知道如何尽可能地吸引关注。事实上，如果有必要的话，它们最好能够找到一些独特的价值，这才是广告公司存在的最大优势。

对于绝大多数公司来说，“我能做什么”不仅仅只是单纯地告诉消费者“我有什么功能”“我能够解决什么问题”，它必须显示出更多的主动性和迎合性。所以真正的说法应该是这样的：“我能为你做什么”“我能帮你解决什么问题”“我的价值对你有什么用”“我会带来一些非常独特的东西”，这才是宣示自身价值的一个正确方式，至少应该在行销故事中表现出这种倾向。

克伦威尔公司（美国一家物流公司）在最初开始成立的时候主打营销战，到处宣传公司的口号，并且广告也从西海岸做到了东海岸，可是效果不甚理想，公司的业务量一直很少，很多客户根本不想和这个新兴的公司合作，也不愿意相信这个公司的服务会比其他的物流公司更好。

在这种情况下，营销部的主管卡洛斯被委以重任，公司希望他能够改变这种不利的局面。卡洛斯早就意识到了公司的问题并不在于服务质量不行，而在于定位不清，尤其是价值定位不清楚。公司一方面极力向客户保证一定会确保货物的准时到达和安全，会确保质量和效率，但实际上这是任何一个物流公司最基本的业务，几乎每一家物流公司都会对自己的客户说出类似的话，因此公司的故事行销缺乏新意。

另一方面，公司重点都在强调自己是做什么的，强调自己能做什么，但这还远远不能打动客户，客户仅仅只需要一家物流公司吗？显然不仅仅是这样，至少美国有成百上千家大中型物流公司，克伦威尔公司毫不占优势。因此公司想要吸引更多的关注，就必须强调自己存在的价值，而这种价值必须具备一定的独特性，必须具备更强的迎合性。

找到原因后，卡洛斯决定重新设计广告以及修改公司的营销策略，然后要求每一个基层员工，每一个跑市场的工作人员，在行销过程中，必须强调公司存在的价值，即能够帮助顾客解决什么大问题，能够帮助客户解决什么心烦的问题，能够帮助客户带来何种独特的体验。比如克伦威尔公司做到了真正意义上的送货上门（他们在故事中讲述了自己每天早上和送报员一起到达客户家门口的事情），比如克伦威尔公司允许普通用户可以暂时欠款（为下一次的生意奠定了基础），又比如克伦威尔公司是整个加州唯一一家会优先帮助客户运送紧急物品的物流公司。

在这些行销故事中，卡洛斯向客户强调的事情只有一个：“看吧，这就是我们能为你们做的，这就是我们得以存在的原因，这就是我们的价值和优势。”这些故事很快就收到了奇效，公司在改革后的两个月内，业务量增长了60%，而在半年后，业务量增长了300%，创造了物流领域的一个奇迹。

其实，卡洛斯一直认为客户的选择很多，他们并不那么在乎哪一家公司为自己服务，或者说他们分不清这些公司之间会有什么区别，很多时候他们在乎的是这些公司如何展示自我，如何展示他们的价值。在这里，很多商家必须认清一个误区：功能并不等同于价值。功能是“我原本就可以做什么”，而价值通常更倾向于表现“我能为你做什么”，就像一个员工“能做什么”和“能够为公司创造什么价值”之间的区别，这种区别可能在商家看来没有什么本质的差别，但是对客户来说，却并非如此，他们更希望自己的需求受到重视，更希望能够享受到商家提供的那些价值。

所以，商家有必要在展示自我的时候，重点突出自己存在的价值，去迎合消费者的需求，而不是像那些商店一样，在门口挂上一块牌子：“我们有什么”“我们提供什么服务”。这并不是真正的价值展示。

## 3. 销售者的商业愿景

对于任何一家企业或者商店来说，都拥有自己的商业愿景。有关销售者或者商家的愿景，实际上就是“我是谁”的一种更深层次的延伸和解读，商家或销售人员在宣传自身品牌和产品的时候，会对自己的商业目标以及未来的发展前景做一个简单的说明。

与比尔·盖茨一起创办微软公司的保罗·艾伦曾经说过一句话：“在销售活动中，没有任何一个企业只是单纯地想要将某个产品卖出去，它们一定还有着远高于此的目标和野心。”艾伦的话指的就是销售方的大目标，或者说是一个商业愿景，它是超越当下这个商业范畴的，指向的是未来某个时刻。“我想成为什么”“我想做到什么”“我应该能够达到什么样的成就”。

比如阿里巴巴成立初期，马云的商业愿景就是让阿里巴巴成为世界上最大的电子商务公司，所以他在做每一单生意的时候，他在同所有潜在的客户谈论行销故事的时候，都心怀这个商业愿景，而且会自觉不自觉地在故事中分享给客户听。其他一些有着伟大梦想或者野心的企业、商家大抵也是如此，虽然这些愿景是企业自己的事情，但是将其说给客户听，不仅仅是为了炫耀，也不仅仅是为了增强自信或者留下一个更好的形象，最重要的是可以让顾客参与到这个成长过程当中来。这种商业愿景会带动消费者的情绪，让他们觉得自己是值得为一家有梦想、有前途的公司贡献一份力量的。

事实上，在销售过程中，买卖双方会存在一定的商业承诺，卖家会对买家做出一定的承诺，比如提供顾客希望得到的产品或服务。不过，反过来，买家同样会无意识地对卖家做出某种消费承诺，事实上，当行销故事出现并打动消费者后，他们就已经在实践自己的消费承诺了。所以他们愿意倾听商家所描述的商业前景以及发展目标，并且做出一些支持的举动。

而在一般情况下，这种商业愿景则带有一定的主观功利性（我想要成为什么），同时也因为让顾客参与到这些梦想的实现进程当中来而带有一定的合作性（我们可以共同做一些事情），这两个因素和特质是多数企业的商业愿景中都会展现出来的，而且这种展示最适合通过讲故事的方式来表现。

**——自己的目标**

为了实现自己的事业蓝图，为了达成某个商业目标，这个目标虽然具备强烈的私利性，但实际上主要目的还是为了证明品牌的价值和力量，还是为了证明自己的产品是经得起市场的考验和消费者的认可的。所以商家通常喜欢设定一些商业目标，以此来提升产品的影响力和说服力，而这对于消费者的信心也是一个间接的保障。

华为公司创立初期，任正非的想法就是有一朝一日让华为成为世界上最强大的三大通信设备制造商之一，这个目标的存在既成为自我前进的驱动力，也成为民族企业发展的一个美好愿望，这在某种程度上激发了某些客户的民族感，他们对于华为公司的信心与信任会得到增强，因此愿意与华为进行合作。

除了一些功利性比较强的目标值外，商家通常还喜欢讲一些故事来发挥自己的社会功能，或者主动承担相应的社会责任，所以这个时候，他们的故事中所展现出来的就是一种比较崇高的社会性目标，比如资生堂的员工会在故事中这样宣传他们的宗旨："美化人生"，建立一个让人类更加美好的世界。如果说功利性强的商业目标带来的更多是产品价值上的信任与认可，那么对于一些社会性的目标而言，商家更在乎的是通过这样的故事和目标来传递一种理念，以此来提升公司、品牌、产品的形象，而通常情况下，产品的价值会无限拔高。

无论是商业目标还是一些社会性的目标，其实都是企业或商家的个体目标，这些目标从本质上来说都是为企业自身的发展来做出定位或者定性的，目的都是为了让企业的发展可以达到一个更高的高度，并以此来吸引更多的客户。所以行销故事中必须一再强调这些个体目标，并且必须让这些个体目标成为一种活招牌。

**——共同的目标**

通常情况下，商家所表达的主题就是追求一种美好生活，享受更好的产品质量和服务的理念。所以商家一直希望将自己所要传达的想法打造成"这是我们一起实现梦想和希望的故事"，或者说"我们要去哪儿的故事"。在这里，商家不仅仅指出了自己的奋斗目标，而且也希望将消费者的目标纳入到这个奋斗体系中来，希望双方可以就某个目标和任务共同努力，这样等于让双方的联结关系变得更加紧密。

与此同时，在悄无声息之间，企业或者商家已经将自己定位成一个消费者价值创造者的角色，而消费者将会借助这个品牌或者产品来获得成功。而这恰恰是说好一个故事的重要元素，也是一个好故事应该具备的因子。

一些品牌的产品会在销售的过程中将自己的销售行为与公益活动

结合起来，并且明确表态自己正在从事的那些公益活动，从而打造出一个强有力的故事。此外，为了强化自身的公益性质，自然而然要点明这样一个主题："我们所卖出的每一件产品，都将为公益事业贡献一份利润。"

在这个故事倡导下，消费者会产生这样的想法："如果我购买了一件产品，就等于为公益事业尽了一份力量。"所以在社会责任心的驱使下，一些消费者更加愿意参与到企业或商家的销售活动中来，这个时候，故事中那些做公益的主角不再仅仅是企业，不再仅仅是商家或者销售人员，还有消费者，而这种参与会让消费者对产品的兴趣越来越大，双方的关系也从最初的买卖关系，转变为共同奋斗的关系。

无论是哪一种目标，其实都是企业或者品牌的价值和信念，企业都是希望通过行销故事告诉消费者自己的行为价值观、品牌的价值观，而这关系到组织和企业认同的问题，它们建立一个发展目标，目的就是为了增强认同感，最后让自己的产品顺利销售出去。

## 4. 在故事中表现出自己的热情很重要

特斯拉早年遇到了一个很大的问题：延迟交货。如果你觉得这是马斯克（特斯拉的CEO）想出来的什么饥饿营销法，那就大错特错了。事实是，特斯拉公司实实在在地存在制造力缺陷的大问题，公司无论多么努力就是没有办法把已经预售出去的车真实生产出来。

自然而然，客户们都纷纷上门要求讨要一个说法，媒体也对特斯拉毫不留情地予以激烈的批判。在门罗公园的展示会上，穿着皮夹克、宽松长裤和皮鞋的马斯克被客户和媒体团团包围，大家都在逼问马斯克有关汽车的事情，而马斯克却重点谈到了汽车的马达，然后当众举起了重量超过45公斤的马达。

很显然，在马斯克看来，马达才是整个汽车的关键，而他需要的是精益求精的态度和全身心的研发投入，而这种热忱打动了客户，所以即便客户们对迟迟不能交付产品感到不满，但是他们对马斯克工作的热情以及对产品的热爱感到敬佩，于是纷纷决定不再追究此事，也愿意忍受马斯克的“习惯性延迟症”。

这个段子如今已经成为特斯拉销售中的一个经典故事，很多特斯拉的员工在介绍自己的产品性能时，更愿意将马斯克以及特斯拉的热情当成一个梗来谈论。如果对马斯克成功赢得客户信任的事件进行分析，就会发现关键因素就在于热情。这几乎已经是一个老生常谈的话题了，无论是哪一个行业，无论是什么职位，热情都是一个最基本的工作要素，而事实上多数人都喜欢具备工作热情的人，并且愿意给予足够的信任。

类似于马斯克的故事其实经常上演，在销售过程中，销售产品的一方不一定非要完全讲述产品的性能，他们可以讲述自己的创业故事或者自己的一些经历，而在这些故事中，可以展示出自己对于产品的投入度以及热情。

谷歌公司和苹果公司一直都是死对头，两家公司为了人才、技术、市场等要素，常常打口水仗，但即便如此，谷歌公司仍旧对乔布斯表达了足够的尊重，双方也仍旧进行着紧密的合作。原因就在于乔布斯是一个工作非常认真的人，他对于工作的投入在业内非常有名，所以对谷歌公司来说，他们愿意和乔布斯进行合作，愿意购买乔布斯的产品，因为这些产品是对工作热情的人研发的，而有热情的人是绝对不会生产和出售一些不靠谱的劣质产品。

这也是为什么多数人都把乔布斯当成苹果公司的代言人以及一个活招牌，就是因为这一份热情，而这也成为苹果公司行销故事中的一个重要元素。销售员乐于讲述乔布斯在工作中的挑剔、执着、热情以及霸道，而这些都证明了一点：苹果公司的产品是最好的，值得消费者购买。

所以热情应该成为行销故事中的一个重要的元素，尤其是在讲述一些有关企业发展和创业的故事时，创始人以及员工的热情必须通过故事完完全全地展示出来，从而让消费者对产品产生更好的印象，也产生更多的期待。

有人曾做过一个实验，让A、B两家公司分别销售自己的产品，并且这些产品类型完全相同。

A：“我们公司的生产效率很高，我们的员工工作能力很强，在公司创始人的带领下，我们在设计和生产这些产品的时候只花了三个月的时间，现在我们的产品绝对值得信赖。”

B：“我们公司在研发这款产品的过程中，遇到了很多困难和挫折，设计了好几款产品都不让人满意，担心市场反响不好。所以我们前前后后一共花费了三年的时间来重新设计产品，直到最近才正式投入生产。”

在这两个不同的故事中，你觉得消费者会被哪一个故事打动呢？他们会不会看中A的产品呢？毕竟A公司的效率更高，员工的技术似乎更有保障，而且经过验证，A公司的产品技术含量更高，质量也更好。但事实上结果恰恰相反，多数消费者都被B公司的故事打动了。那么B公司究竟凭借什么来赢得客户呢？原因就在于他们的态度，对于一个设计研发时间达到三年的公司来说，消费者的第一印象就是足够投入，足够执着，而这种工作的热情恰恰是产品获得保障的因素。反过来说，三个月的时间虽然高效，但是却显得有些仓促，消费者一定会产生质疑：这些产品是否经过足够的检验？公司是否在认真设计产品？还是说只是简单地应付市场需求？

实际上，并没有任何证据表明时间的长短和质量的高低成正比例关系，而且工作时间长的工作者并不一定就比工作时间短的人更加投入，更加专注。但是对于消费者来说，时间成为一个重要的衡量标准，他们愿意相信那些愿意花费更多时间在某件事情上的人，更能够对这件事负责，所以花费时间更久的公司自然成为更具热情和更加专注的那一位。

对于A公司来说，这样的想法也许并不公平，这样的结果也让人失望，即便他们的产品真的占据优势。但是好的产品不一定就有好的销量，关键还要看整个行销故事是如何架构和组织的，而且要看他们在故事中表现出了自己的什么特质。在这一方面，B公司显然更好地展示出了自己的工作态度，并且感动了消费者，因此他们的产品赢得客户的喜欢是意料之中的事情。

有个汽车经销商曾经向“汽车销售之神”乔·吉拉德请教销售技巧，这个经销商认为自己现在每个月可以卖出80辆汽车，也认识了很多人，掌握了大量的客户资料和人脉渠道，自己和店员的销售经验、口才也得到了锻炼。他想问一问自己还需要对哪些地方进行完善。乔·吉拉德想了想说：“如果我是一个想要买车的人，你可以尝试着说服我。”结果经销商按照以往的方式，讲述了一个不错的行销故事。乔·吉拉德听完之后，说了这样一句话：“也许你还应该在客户面前表现出更多的激情，我听了你的故事，觉得这是你需要改进的地方。”

对于其他公司或者商家来说，情况同样如此，他们必须引起足够的重视，在构建整个行销故事的时候，不要总是过度去渲染产品的性能如何，反而可以从侧面进行提示，通过展示自己的专注度和投入度向消费者传递这样一个信息：“我们在产品的设计和生产上花了很多心思，也投入了很多的精力。”目的就是为了告诉对方你很用心，你一直都在努力地想要做出一个更加完美、更让人放心的产品，而这会让消费者产生更多的信任。

## 5. 给消费者制定一个愿景故事

1988年，美国贾德恩公司的市场经理科尔在向董事会汇报公司的营销计划时，公司的CEO对他的一些销售计划产生了质疑，他并不认为这些计划可以真正让公司的产品获得一个稳定的市场，在大会上，他随手甩给科尔两个问题："你该如何说服消费者一直购买这些产品？你预备给他们提供什么呢？事实上，我并不认为顾客对于产品会存在永久的忠诚度。"科尔并没有慌张，而是简单提到了一个词："愿景。"

事实上，在那之后的十几年时间里，贾德恩公司的产品一直卖得很好，很多老客户一直都坚持购买该公司的产品，而依靠这些老客户，公司在之后很长一段时间里都保持良好的发展势头。那么为什么贾德恩公司会受到顾客的眷顾，而科尔又是依靠什么才如此自信地做出了保证？原因就在于他在销售的过程中为顾客创造和提供了一个愿景故事。

这个愿景故事是这样开始的："女士们（先生们），我们真的希望过二十年后，你们当中的多数人可以因为使用这些产品，因为对美国经济做出的贡献而获得一张永久居住证。"事实上，贾德恩公司的产品大多针对那些移民以及一些抱有美国梦的奋斗者，他们的梦想就是留在美国，而科尔巧妙地将自己的产品和"美国梦"联系在了一起，最终让消费者在消费的基础上创立了一个愿景。而为了实现这个愿景，他们会不自觉地将希望寄托在消费上，尽管听上去不怎么合理，可是一旦成为一种思维习惯，他们就会对贾德恩公司的产品死心塌地，直到某一天真的梦想成真。

其实类似的愿景故事在我们生活中经常存在，比如当我还小时，母亲为了让我保持礼貌，常常跟我说这样一番话："也许有一天你会受到国家领导人的接见。"当然迄今为止，连一个级别最低的官员也没有接见过我。而母亲自己也在几十年前接受过外祖母同样的教诲，现在她将近60岁了，却没有得到任何大人物的邀请。但事实上我们都成为很有礼貌的人，而"领导人的接见"则成为家族中一直流传下来的愿景故事。

很显然，无论是科尔还是我的母亲，他们都做了一个聪明的举动，那就是让自己的听众有了一个愿景或者说是憧憬。尽管我们会发现这些憧憬并不那么现实，但是当有人告诉我们自己只要做什么、怎么做，就可能会满足自己的某个理想，这种想法仍旧会让我们为之着迷。

科尔的高明之处就在于将消费和梦想结合起来，这种结合在某种程度上根本不符合逻辑，甚至有些牵强，但是科尔恰到好处地指出了消费者的需求和渴望，然后给自己的产品增加了一些特定的祝福和内涵，因此能够很好地迎合消费者的心理需求。

从心理学的角度来分析，其实每个人都需要一个愿景，这个愿景或者说梦想就是一个精神支柱，无论这个愿景是否足够真实，是否真的能够实现，都会带来一些心理上的安慰和动力。做人是需要梦想的，但是这个梦想并非总是自觉产生的，有些人的内心有渴望，但是并不会轻易说出来，或者说并没有勇气直接表现出来，所以在很多时候，说服他人的关键就在于给予他们一个希望，或者按照他们的心理需求而设计出一个愿景，哪怕这个希望和愿景显得很渺茫，但是对方也同样会以此为动力。

在不同的场合，不同语境中，这些愿景也呈现出不同的形态，比如，如今的一些所谓抽奖的销售，实际上也是一种愿景故事，商家会告诉顾客这些产品中存在几个大奖，以及很多小奖，在这个时候，很多顾客实际上真的会对这样的奖项产生兴趣，他们并非坚信自己只要购买下去就一定会获得某一个奖品，但却在潜意识中对此产生了兴趣。

愿景故事是行销故事中很重要也很有效的一部分，尤其是对维持老客户的忠诚度有很大的作用。当这个愿景迎合消费者的需求，并且和产品结合起来的时候，消费者自然而然就会对产品产生更多的关注度，并且将自身情感和希望的一部分投注到产品上。

而在构思这个愿景故事的时候，商家需要把握几个要素：

### 1.客户的需求

任何一个愿景故事都不是凭空出现的，也不是商家或销售人员主观想象出来的，它的诞生实际上建立在消费者的心理需求基础上，换句话说，商家必须想办法了解自己的客户，了解他们内心的真实需求，这样才能对症下药，帮助他们制造一个完美的梦想。一旦这个梦想和产品巧妙结合在一起，消费者就会将梦想的实现寄托在购买产品和消费产品上。

### 2.愿景的度

一个好的愿景并不是天花乱坠的吹嘘，和完全脱离现实的幻想，这样会让消费者觉得遥遥无期；与此同时，愿景也不应该是一个平凡无奇和现实相差无几的梦想，否则客户会觉得很容易达到而失去对产品的持续关注。一个好的愿景应该有一个合适的度，既不能让人觉得完全遥不可及、让人觉得根本就是天马行空且脱离现实，也不能让人觉得轻易就能实现，否则一旦消费者获得满足，就会对产品失去后续的支持。只有确保让消费者处在一个想要获得又不能轻易获得的处境中，整个愿景故事才具备长久的吸引力，商家的产品才能够长久保持很好的销量。

需要注意的是，商家不能想当然地认为随便想一个故事，或者随便给客户一个承诺，就是愿景，这种想法显然会让整个故事变得支离破碎，也会让消费者对产品以及商家产生怀疑。因此，对于那些想要在销售活动中真正说服和吸引客户的商家来说，还是应该把握以上两个要素，确保愿景故事足够合理。

# 6. 避免自卖自夸的炫耀

一个产品是否好，通常不是卖家说了算，卖家的吆喝声中多少带有一点夸张的成分，产品的性能总是会进行夸张处理。关于这一点，很多电视广告就犯了这样的低级错误，他们在实际销售过程中所展示出来的产品形象与价值，和在电视广告或者日常宣传时所说的不一致，一些不法商贩还存在欺骗消费者的行为。

商家常常不太可能全面地解析自己的产品，尤其是对产品的缺陷更是视而不见，这当然是一种销售策略。不过对消费者来说，他们未必真的会对商家自卖自夸的行为感兴趣，至少在多数人的购买经验中，产品的真实特性与商家描述存在出入的现象经常出现，所以多数人并不会对销售人员的自我夸赞行为动心，反而有可能会产生抵触心理。这对销售工作来说往往很不利，因为即便商家没有夸大自己的产品性能，他们的自夸行为也会被认为是一种自我修饰的手段。

一些卖减肥药的销售员会这样告诉顾客："我们的产品非常不错，减肥效果一流，而且毫无副作用。不仅在国内卖得很火爆，在国外市场也很受欢迎。上个星期，我就向自己的同事和朋友推荐了这款药品，用不了多久她们就会和我一样苗条了。"

在这个故事中，我们会觉得销售员的口才不错，说的话也还算得体，但是如果仔细进行分析，就会发现销售员犯了一个最基本的错误，那就是自说自话，她对于产品的一切评价和褒扬都是从主观出发的，产品当中所有的好，都是她自己贴上去的标签，因此消费者和顾客会这样认为：“你之所以如此卖力地宣传产品，之所以认为产品这样好，那样好，不过是因为这些产品是你的，这些产品是你要销售出去的。”

很多商家或销售人员通常都不会意识到这一点，他们更习惯于站在自己的角度去看待问题，更习惯了用自己的立场去解读问题，所以在销售产品的过程中，他们所表现出来的就是一种自卖自夸的精神。

比如他们会说“我们的产品可比其他品牌的产品好多了”，但是却拿不出切实有力的证据；他们会说“我们的产品可能会像苹果手机一样受到全世界的欢迎”，但是没有任何迹象在支撑这个观点；他们会说“客户在使用我们的产品之后都说好”，但却找不出任何一个更具体的客户来佐证这个观点。所以通常的说辞就是产品很好，好在哪里，却就是不肯找一个客观的因素来证明这一点。而消费者并不会轻易被商家那些“我觉得”“我认为”的主观想法所左右，他们的想法就是“等我看看其他人的反应再说”。

适当为自己的产品做宣传，这无可厚非，并且没有人希望砸掉自己的招牌，但是一定要注意一个度，商家或销售人员绝对不能过分夸赞自己的产品，因为产品最终是卖给顾客的，是供顾客使用的，他们才是最有发言权的人，他们才能够真正提供相对客观的评价。一切好的评价都让自己说了，这不是一个明智的办法，这样的行销手段也容易遭遇失败。

而且，只要消费者想去挑刺，那么他们总有办法找到破绽和漏洞，因此商家自卖自夸的举动反而容易让自己陷入被动状态，与其这样还不如让别人来评价自己，还不如让其他的客户来评价，然后将这种评价运用到自己的故事当中去。

每个人都希望自己能够被认可，都希望自己的东西能够被认可，但是一个东西是好是坏，并不是商家或者销售员自己说了算，而是要寻找另外一个更为客观的评判标准。所以针对上面的减肥药，更好的讲述方法应该是这样的："我们的产品最近卖得很不错，有很多老客户来到店里后点名就要这款产品，你可以看看我们公司里贴出的照片，这些顾客都是我们忠实的拥趸，他们会将自己每一个阶段的减肥成果寄给我们，然后同其他人一起分享，你可以看看这些照片。比如这位先生，他在服药前是243斤，但是在过去的半年时间里他依靠这些药品成功减肥40斤。"

在介绍减肥药以及减肥药的效果时，举一个成功减肥的肥胖症患者来作为证明，会是最好的销售手法，这些患者的真实经历和故事会让其他的顾客深信这些药物确实有一定的功效，而不是商家胡乱吹嘘。当然，为了让整个故事更加圆满，销售人员可以展示产品的一些质检报告或者一些权威性的证明，这些都是增强产品形象，衡量产品价值的标准。在最后，销售人员必须提醒对方要懂得多做运动，并且控制饮食，只有多管齐下，配合治疗，药物才能真正发挥最大的减肥效果，这样就不至于过度神化药物的功效。

对于一个好的行销广告来说，重要的是突出产品的价值，但真实性很重要，而这种真实性并不是商家自己说出来的，也不是销售人员能够主观上进行证明的。这个时候，需要借助一些客观的人或物来进行证明，这样就可以确保产品信息的客观性，可以确保所有的产品是经得起考验的。

保持产品的客观性，保持故事内容的客观性，保持产品评价的客观性，这是故事行销需要关注的要点。因为对于消费者来说，他们对品牌、对产品的信息缺乏足够的了解，对于讲故事的人也缺乏了解，所以无法判定这些故事是不是如实反映了产品的真实情况，这个时候他们需要借助外在的力量来进行评价和抉择，需要借助一个客观的标准来认清整个故事的内容。外在的评价、其他客户的案例、官方机构的认可，甚至于自己的竞争对手，这些都是比较客观的资料，如果销售人员真的对自己的产品有足够的信心，就要想办法将这些客观资料作为故事的素材，而不是主观地给自己的产品“贴金”。

Chapter 4

# 一切以客户为中心

很多时候，讲故事的过程就像是一场心理战，而那些故事就是攻克顾客心理的一个绝佳方式，通过心理的诱导，顾客这个时候就不得不想办法产生消费行为了。

# 1. 将产品转化成顾客的需求

有家衣帽店由于位置不太好，售货员不得不每天都站在大街上招揽客人。第一次，一个长发飘飘的女孩从他面前经过，他于是立即叫住了对方，并且希望对方买一顶帽子。女孩委婉地说："我的头发很好，没有必要戴帽子。"售货员笑着说："你的头发很漂亮，不过最近天气非常干燥，风沙也多，这样的天气很容易让裸露在外的头发干枯开叉，而且也容易弄伤头皮，这样对头发反而不好。"

女孩子听了觉得有些道理，于是进店购买了一顶比较时髦的帽子。

第二次，售货员拉住了一个头发稀疏的中年男子："先生，买一顶帽子吧，这些帽子戴在您的头上可是再适合不过了。"对方幽默地拒绝说："对不起，我想我用不着，你也看到了，我头上的这几根头发几乎都能数得过来，根本用不着帽子了。"

售货员微笑着说："可是一旦您戴上了帽子，别人就不会再去数您的头发到底有几根了。"中年男子听完之后觉得很有道理，于是买了顶帽子。

在这个案例中，实际上，无论是长头发的女孩，还是中年大叔，实际上原本根本没有购买帽子的需求和打算，但是售货员却通过讲故事的方式巧妙地让他们产生了新的需求，这就是一个优秀销售员应该具备的素质。他们不仅善于依据市场行情来销售自己的产品，还懂得创造市场需求来迎合自己的产品。

在传统和正规的销售模式中，产品始终是围着市场和客户转的，只有先了解市场的需求，商家才会生产和销售相应的产品。不过在具体的市场条件下，市场的需求往往会产生很大的变动，也会带来很多假象，也就是说，需求的存在并不能消化掉产品。那么对于很多无法通过正常渠道销售出去的产品该如何处理呢？这个时候，销售人员就要懂得寻找新的需求点，就要懂得从产品的角度来制造需求。

而这种新需求往往不是潮流、趋势，也不是单纯的供求关系，它们是由不同消费者的消费心理来决定的。事实上，顾客并非总是等到有实际的消费欲望或者需求了才进行消费，他们通常并不会意识到自己是否真的需要这些东西。有时候他们会选择购买一些自己根本用不着的东西，无处安放的摆件、从来不会使用的烟灰缸、从来没有插上花的花瓶，或者一些根本用不着的家庭小工具。反过来说，他们有时候也无法意识到自己需要买些什么，无法意识到自己是否缺少什么。从某种程度来说，顾客的消费欲望和购买行为有时候是盲目的，而这种盲目心理很容易被销售者利用。

针对这种情况，一个优秀的销售人员就需要懂得察言观色，准确了解消费者的心理和需求，然后通过合理的表达将自己的产品转化成这些需求，从而让原本不打算消费的顾客心甘情愿地产生消费行为。这种转变手法不能仅仅通过常规的产品推荐和性能介绍来实现，而要懂得利用故事让消费者意识到被自己忽视的那一方面的需求。

有个汽车推销员拦住了同住一个小区的库里先生，并且非常礼貌地向他推荐了最新款的汽车。库里先生非常有礼貌地拒绝了："这个月已经有十几个人向我推销过各种款式的新车了，可是我现在还没有换新车的打算，要不我帮你问问同事们是否有买车的想法？"推销员笑着说：

“那太谢谢您了，其实，您的同事威尔先生已经准备从我这买下一辆车。”库里先生听说后，非常激动地决定购买推销员的新车。

这个推销员之所以能够成功说动库里先生，就是因为库里是一个非常好胜的人，尤其是对自己的竞争对手威尔先生感到不满，总是处处想要和对方争一个高下，在买车方面自然不愿意落后一步。

在这里，库里先生是有车一族，目前根本不需要买新车。其他推销员推销工作失败的原因就在于，他们只是单纯地将汽车当作一种交通工具，而没有联想到新款汽车可以作为一个在同事面前炫耀的工具。如果把握住了库里先生的好胜和攀比心理，就能够巧妙地将新车转化成必须购买和拥有的东西。

在多数时候，销售人员都要懂得对产品的基本功能进行扩大和延伸，要明确了解消费者看重产品的哪一个特性，他们必须抓住消费者的心理，然后针对性地讲出一个好故事，这时候消费者就更容易对产品产生兴趣。这种兴趣和需求有时候和产品的功能息息相关，但有时候则毫无关联。

比如在过去的几个月时间里，经常会有一些漂亮的女销售员上门推销剃须刀、打火机、烟灰缸等男士用品。每次上门，她们就非常敬业地同我讲述产品的性能以及一些优点，尽管我总是笑着暗示家里已经有剃须刀或者烟灰缸了，但是对方并不罢休，而是非常耐心地说：“你现在不买根本没有任何关系，可以先考虑一下，反正就像对待其他顾客一样，以后还会再来的。”这个时候，没等我开口，妻子已经迫不及待地掏钱买下了这些产品。

事实上，我根本不需要剃须刀，我的妻子就更不需要这些东西了，但她却心甘情愿地买下这些产品，原因就在于那些美女销售员的暧昧态度让妻子感受到了威胁，妻子是绝对不容许还有下一次的。尽管这样的方法显得有些另类，而且容易惹人反感，但是不得不说它的确是一种非常有效的销售方法。

如果说传统的销售方式在于让产品迎合需求，那么故事行销的法则往往在于让消费者在产品的基础上产生新的需求。销售员的着力点并不在产品的性能上，而在于顾客的需求上，很多时候，讲故事的过程就像是一场心理战，而那些故事就是攻克顾客心理的一个绝佳方式，通过心理的诱导，顾客这个时候就不得不想办法产生消费行为了。

## 2. 善于解决客户的疑惑

沃尔玛超市在法国市场的一位负责人戴姆勒先生说道：“商家永远不要认为自己的产品一定会被那些有需求的人接受，要知道即便是在他们掏钱购买之前，也会提出成百上千个的质疑的理由。

“有时候他们需要一个苹果，一副眼镜，或者一把雨伞，你知道这一切会发生，但是他们未必会看中你的产品，他们总会说‘这个产品好用吗？’”

这是每一个商家与销售者都会遭遇到的问题，即商家不仅要了解消费者需要什么，还要说服他们接受自己提供的这一切，因为任何消费行为在发生之前，消费者都会想办法弄清楚自己所购买的产品和服务是否能够完全满足自身需求，也就是说，消费者都是带着疑惑来购买产品的，尤其是自己不熟悉的品牌。

这些疑惑往往集中在产品的性能和功用上，产品好不好用，存不存在质量问题，是否真的像说明书上说的那样可靠，是不是具备实用价值，是不是能够满足自己的需求。这些都是消费者和客户最关心的问题，也是最容易让他们感到不放心的地方。还有一个重要的因素是替代品的存在，对消费者来说，这些替代品的存在会增加疑惑的程度，而对商家和销售者来说，这会增加产品销售的不确定性。

正因为如此，商家或者销售员必须懂得如何运用技巧来说服消费者，必须想办法尽快消除他们的疑惑，并以此来确定自己的销售优势。

譬如说黑莓手机，它的性能尤其是保密功能和信号接收能力一直非常强大，当然，客户和消费者可从来不会那么轻易相信电视广告中那些宣传口号，他们也对那些技术参数不感兴趣。如果问消费者，他们真的会对黑莓手机的强大功能予以足够的信任吗？恐怕多数人都表示“有待观察”（就像前段时间，苹果手机中云存储内部信息的泄露一样，消费者对此很难保持充分的信任）。

多数顾客会说，“我在电梯里有时候就会失去信号”“我在野外探险的时候，手机可从来没有像电视宣传的那样灵光”“如果发生了某些自然灾害，我还能第一时间呼救吗？”“黑莓手机为什么有这么多的性能？难道和其他的手机有什么不同吗？而在实践中，它是否真的会像宣传的那样神乎其神？”对他们而言，手机总是拥有很多不确定性的因素，而且很多时候并不那么好使。

这些问题会困扰着消费者，但同时对商家和销售人员也是一种考验，为此，有很多销售者不得不苦口婆心地拿出一大堆的理由和数据来支持自己的观点。“也许全世界有几千万人都在使用黑莓手机”，这听起来是个不错的理由，但是全世界还有几亿人都在使用诺基亚，但之前的那些问题仍旧存在。

不过有些销售员却改变了这种套路，面对消费者的质疑和困惑，他们在销售过程中主要提到了两个小故事：

“你知道吗，在9・11恐怖袭击发生之后，很多原本可以得到救助的人最终错失了生存机会，因为他们的手机根本发送不出信号，但黑莓手机的用户是个例外，几乎只有黑莓手机的用户成功发送出了信号。

“大家都知道美国总统的个人安全非常重要，像奥巴马的座驾就是重达几吨的凯迪拉克改装车，可以有效防弹防毒气攻击。而在互联网时代，总统的信息安全同样重要，那么奥巴马先生究竟用什么手机呢？黑莓手机，他就是用黑莓手机来通话和发送机密文件的，以防止被人窃密。”

在这两个故事中，既没有一大堆让人头脑发涨的数据，也没有太多华丽的吹嘘性质的言语包装，但是却很好地解决了消费者的质疑和困惑。第一，当自己身处险境时，可以及时发送求救信号；第二，信息保密工作到位，不用担心自己的私密信息会被人窃取。一个9·11事件加上奥巴马总统，已经让所有的质疑都显得无足轻重了，现在消费者也肯定明白诺基亚、三星、苹果手机的通信功能和保密功能比不上黑莓手机。

这就是故事的作用，在这里它充当了解答疑惑的工具，而这也是销售者需要着力解决的问题。消费者存在疑惑非常正常，不过因为这些疑惑，商家可能会错失很多生意，毕竟因为疑惑的存在，才给了那些替代品可乘之机，一旦销售者无法解答疑惑，那么消费者和客户很有可能另作他选。

就像一双篮球鞋一样，为什么国内的球鞋和国外的篮球鞋价钱会相差几倍，如果销售者告诉顾客说，因为国外的鞋是名牌，因为它里面藏有运动芯片，因为它的材料更好，顾客未必会相信，他们很可能会选择价钱更便宜的国产球鞋。当然，如果消费者被告知这些球鞋是乔丹（NBA最伟大的篮球运动员）或者梅西（著名的足球运动员）穿过的，那么消费者就不会再纠结于国外球鞋为什么比国内的球鞋卖得贵。

反过来说，当一件产品卖得更便宜的时候，就很容易会被误认为是质量不行。比如当商家出售一批廉价的钢笔时，购买者的第一印象肯定是“它们的质量很差”，销售员不得不苦口婆心地进行有些专业性、技术性的解释，这种解释最终可能还是会牵扯到材质、质量、做工等问题上来。但是如果销售者这样说：“我们公司的创始人小时候买不起钢笔，只能去借别人的钢笔写字，后来创办公司后，他就下定决心要制造出让每一个贫困的孩子都可以用得起的钢笔。”经过故事的渲染，购买者不再认为低价位是质量问题，而是一种带有公益性质的美德。

在其他方面，往往也是一样，销售员必须扮演好这种角色，必须想办法利用自己的故事来打动消费者做出正确的选择，否则消费者的疑惑将会成为一颗定时炸弹。

## 3. 你是一个服务者，而不是提供机会的人

在买卖活动中，有一个革命性的改变就是“以商家和产品为核心”的销售模式，转变为“以客户为中心”的销售模式。在过去很长一段时间内，由于生产力受到限制，产品的种类和数量并不多，因此就存在这样一种现象：产品是固定的，消费者想要购买产品，根本没有太多选择的余地，他们处于一种被动的姿态。但是随着生产力的提升，产品种类不断丰富，数量也得到提升，这个时候，消费者开始掌握主动权，而商家不得不围着客户来转，尽可能地生产出迎合客户需求的产品。

在商品稀少的年代，商家是供应方，无论消费者是喜欢还是不喜欢，他们都不用担心自己的产品卖不出去，而消费者则没有太多挑剔和选择的余地，如果不去购买，可能连更差的产品也买不到。而在商品丰富之后，商家成为服务者，他们所做的一切都是为客户服务的，这时候他们虽然也提供产品和服务，但是态度和立场已经发生了变化。

阿玛尼公司就是一个典型的例子，在阿玛尼这个品牌出现之前，意大利几乎所有的裁缝店和衣服店都是处于这样一种状态：衣服已经做好了，买衣服的人只能一件件去试，选择的余地很小，或者基本上没有什么选择。而阿玛尼的出现则打破了这种规则，阿玛尼的创始人开创了一种定制衣服的模式，就是让顾客自己设计衣服，提出各种要求，然后阿玛尼会安排设计师按照顾客的想法去制作衣服，并且对一些不好的地方

适当做出修改。在这个过程中，阿玛尼几乎将自己完完全全当成一个服务者，只要顾客有什么想法和需求，就会照做。

阿玛尼的这一次革新成为服装行业一个重要的标配，那就是将自己定位成一个服务者，这也是为什么阿玛尼这么多年来虽然名声在外，但是一直都对客户这样说："我们只是一个服务者。"这是阿玛尼一个非常成功的行销故事，它几乎所有的广告，几乎所有的有关产品的性能、质量、个性化的描述，都是围绕着"服务者"这个定位来转的。

现在，越来越多的企业和公司都在想办法向客户传达这样的理念，他们不再像过去一样认为自己是"机会给予者"，觉得自己是"提供产品"来改变他人生活的人，而是向消费者传达这样的信息："我能为你做些什么""你需要我为你做些什么"。

银行在出售自己的一些理财产品时，会将自己定位成一个服务者，所以他们会讲述一个有关理财的好故事，通常是说自己运用正确的理财方式，帮助某个客户实现了资产保值和投资升值的目标。为了强化自己的形象，银行的工作人员会帮助存款人设计出最保险的一种理财模式，并且宣称"有些事，我们不得不替你着想"。

在一些服务型的行业也是一样，比如通信公司会推出各种资费套餐，然后通过讲故事的方式来定位自己的工作："我们的目的就是帮助消费者规划出最省钱的消费模式。"一些网络酒店会特别推出"家宴"套餐——"只要你们想吃什么，我们就为你做出什么"。只要顾客想要吃些什么东西，就直接可以在网上进行留言，然后网络酒店会联系相应的厨师，为顾客做出自己想吃的菜式。

这些行销故事实际上就是一种非常好的服务态度，在故事中，商家没有一味地推销自己的产品，而是站在消费者的立场，尽量满足消费者的需求。那么如何才能更好地在故事中体现出自己作为服务者的身份和良好的服务态度呢？

### 第一，减少功利性的语言

任何一个企业，任何一个商家的商业行为都是为了谋取利益，但是如果大张旗鼓地在消费者面前谈论太多与利益息息相关的话题，往往就会引起反感。

——“我们卖给别人都是这个价钱。”

——“如果卖给你便宜了，我们的生意也不好做了。”

——“这个月的销售额突破了100万，我们向来就没有必要降价促销。”

这些话都是行销故事中应该极力避免的，因为消费者会觉得商家过于强硬，过于看重眼前的利润，所以必定会令人产生一些厌恶的情绪。对于商家来说，他们需要明确自己的位置和处境，而且如果得罪了顾客，他们将一无所有。所以任何功利性强的表态都会破坏服务者的形象和名声，也会导致消费者的流失。

### 第二，善于倾听

一个合格的服务者应该是怎样的呢？必定是懂得倾听顾客的人，他们所提供的一切服务都是按照顾客的要求来做的，所以倾听成为他们的一个重要标签。

——“您有什么想法？”

——“您可以说说自己的意见，我们看看能不能有所改进。”

——“我们这有留言板，您可以像其他人一样将自己的意见和建议写出来。”

通过倾听，商家或者销售人员可以获得很多宝贵的意见，可以及时了解消费者的想法和需求，而更重要的是，倾听代表了一种非常好的服务态度和销售姿态，会让消费者感受到尊重。销售人员很容易借助这种方式与消费者建立起更为亲密的情感联结，也更容易赢得对方的信任。

## 第三，主动迎合

一段让人感到舒服的话，一个让人觉得舒服的故事，往往具有一个特性，那就是满足了听故事的人的某种需求。所以讲故事的人通常会把握一些技巧，那就是让故事的内容或者所要表达的意思具有一定的迎合性，或者说按照听众的某种心理需求来组织这个故事，这样就可以更好地带动对方的情感和情绪。

迎合性是身为服务者的一个重要特性，也是一个基本的技巧，主动迎合别人不仅可以衬托出他人的地位，也能够让对方感觉到自己的确能够在商家这儿享受到更好的服务。这个技巧如果熟练地运用在行销故事中，那么整个故事将会变得更具针对性和煽动性，商家的服务效果也会更加突出。

## 第四，保持弹性

如果商家决定将自己定位成一个服务者，那么在态度上就要表现出服务者特有的谦卑和妥协，尽管没人要求服务者就一定要低声下气，但是对于那些致力于为顾客服务且渴望获得信任的商家来说，他们需要在谈话中适当弱化自己的立场，并在交流中保持一定的弹性。

比如在谈到价钱方面，商家所希望的是更高的价钱以及更多的利润，但是对于消费者来说，物美价廉永远是第一选择。为了确保双方之间不会出现太大的分歧和矛盾，商家应该尽可能表现出“一切可以商量”“尽量让顾客满意”等措辞，而不是说一些非常肯定的、绝对的话来压缩进一步交谈的空间。在故事中，商家需要做出一种更为积极的姿态，需要让自己的立场和决定变得更具弹性，这样一来，他们和消费者之间就会尽可能地达成一个统一的意见，整个故事也会变得更有说服力和诱惑力。

# 4. 认可是成功销售的关键

托马斯先生刚来北京的时候带着公司的使命——帮助新开张的分店做销售助理，这个任务并不轻松，因为作为一个英国人，他对于中国的情况并不了解，也不太清楚中国人的思维到底是怎样的，不过他去过上海，觉得上海非常繁华，和伦敦差不多，而北京是中国的政治和文化中心，经济也同样发达，因此在销售方面并不会太过困难。

托马斯先生的分析不无道理，实际上全球知名的公司在北京几乎都能够找到分店或者分公司，加上北京具有的得天独厚的优势，使得托马斯对新开张的分店信心满满。重要的是，他本人也有一些销售的经验，而且非常健谈，所以他并没有感觉到太大的压力。

不过四个月之后，他的信心就被消磨殆尽，不得不找我来诉苦，认为中国的顾客太难应付了，认为中国人的生意并不像传言中那样好做。而且他自认为自己的销售工作做得很不错，按道理不应该出现这些状况。

有一次，我让他说一说是如何说服顾客购买产品的，他非常骄傲地说出了自己的一套方法——讲故事，这当然是他的强项。故事的大概内容基本上是这样的，他先简单介绍了公司的一些信息，然后提到了产品，这些产品在英国大受欢迎，英国女王以及王妃们都喜欢派人来购买产品。他在故事里极力强调这些产品很不错，中国顾客没有理由不喜欢它们，他相信只要有人购买了这些产品就一定会爱不释手。

很显然，他自认为讲了一个非常好的故事，不过在我看来，他却忽略了一个最基本的问题：每个人的想法和价值观都有所不同，每个人的立场不同，所经历的生活、教育也不相同，这些差异会产生很大的隔阂，而这并不是一个简单的故事就能够完全消除的。

消费者所得知的故事，并不完全来自品牌单向给予，消费者具有自己的世界观和思考模式，他们还拥有自己的生活经验和消费经验，这些都会对销售人员所说故事的发展造成一定的影响。也就是说，销售人员虽然卖出了自己的故事，但是消费者却能够将自己的观念、思维以及经验加入到这些故事当中去，并且形成自己的理解，这些不同的要素有可能会对整个故事产生积极正面的影响，但也可能带来一些消极的反应。

为了避免消费者对自己所购买的产品产生怀疑，为了避免他们对故事产生抵触情绪，销售人员必须懂得给予足够的认可。比如还是以服装销售作为例子，卖衣服的人在讲故事前往往会对消费者的装扮进行赞美，“你的身材非常棒，穿什么衣服都很好看，我之前见过一个顾客也是这样”，这句话的潜台词就是“我卖给你的衣服肯定非常合适”。通过这种赞美和认可，消费者在挑选和购买衣服的时候，不会再像之前那么挑剔，而且会自觉不自觉地认为导购员介绍的每一款衣服看起来都很中意。

当顾客自己挑选某件衣服试穿的时候，销售人员也可以讲一个得体的故事进行赞美：“你挑选的衣服真的非常棒，你知道×××（明星）吗？她上次开演唱会的时候，穿的就是这一款。”这种赞美和认可不仅仅是赞美消费者的装扮非常得体，还在于认可他们的审美能力，这对消费者来说，往往会带来很多美好的精神享受。

通过认可，商家和顾客之间往往能够建立起更亲密的联系，而且相互之间也会产生更多的互动，这是成功销售的一个重要保障。在生活中，很多人会忽略这一点，甚至陷入一些比较常见的销售误区。

比如很多服装导购会这样告诉顾客："你不适合穿这件衣服。"

如果你是一个导购，你会犯下这样的错误吗？你会用这样的方式告诉顾客他们看走了眼吗？或者说，这就是你自己的穿衣标准，然后你准备用这样的标准去衡量每一个人？

无论如何，这都是一个不明智的说法，这个问题很容易引出一个问题：为什么不适合？而这个问题往往会引起误解，很显然，对顾客来说，不适合的原因肯定是因为身材不好，与衣服不搭，这样就等于无形中指出了顾客的身材缺陷。

实际上当顾客挑选某件衣服或者试穿某件衣服的时候，在内心往往已经喜欢上了它，或者至少觉得很适合自己。此时，导购如果给予否定，实际上就是对顾客审美能力的质疑，这通常会让顾客感到不舒服。

导购是不应该任意对顾客的穿衣风格进行品评的，一方面是因为每人都有自己的风格，另外一方面就是因为这种评价可能会让顾客黑着脸离开。如果足够聪明的话，服装导购会懂得顺从顾客的观点，对他们的鉴赏能力表示认同。如果对方自己也觉得衣服穿在身上不好看，导购可以适当提出一些小的意见，并告诉对方那样穿也没事，不过换一种风格可能会更好。

又比如，导购们会经常这样说："我推荐的衣服不会错的！"

毫无疑问，这又是一个自以为是的说法。通常情况下，说这句话的人往往比较自负，而且有些喧宾夺主的味道，在这里，她们扮演的角色可能不是一个服务人员，而是一个标准的制定者和衡量者。这种人往往会讲述这样一个故事："我的店里来过很多顾客，每一次都是我帮忙挑选的，有很多人都喜欢让我帮忙挑选。"接下来她们会举出一个例子："上次有一个女生非得自己挑选裙子，我帮她选的她还不要，后来呢，她自己跑到店里来退货，重新买了我推荐的那条裙子。”

不能否认某些导购的审美能力，事实上她们可能真的对服装有更为出色的鉴赏能力，不过这并不代表她们可以任意插手顾客的选择。在这里，销售人员必须假定自己的每一个顾客都是具备鉴赏能力的，都是拥有不错的分析和辨别能力的，而事实上没有谁可以质疑一个顾客挑剔的眼光。所以销售人员必须尊重和衬托顾客的选择能力，必须凸显出他们的审美能力。

迪奥的全球总裁Claude Martine说过：“我不认为顾客会犯错，一旦我们意识到顾客犯了错，那么那个犯错的恰恰是我们自己。”

香奈儿的创始人香奈儿女士也说：“最好的设计师永远是顾客，你得承认这一点，否则我们将不会吸引到任何一个顾客。”

正是因为他们懂得尊重和认可顾客的审美能力、消费倾向，他们才能够将品牌越做越强，才能让自己的产品被全世界的消费者所接受和认可。

## 5. 尽量消除文化差异带来的影响

由于全球化的推进，在现代销售活动中，企业和商家所遇到的一个重要问题是文化差异问题，这是一些准备走国际化扩张道路的企业或品牌必须解决的大问题。如果对全球市场进行划分，那么无论是按照东半球、西半球来划分，还是按照南半球、北半球来划分，都是有一定差别的，具体到每个国家、每个民族、每个地区，这种差别更为明显，而且这些细化的文化差异往往主导着不同群体的消费观。

我们知道有些人是不吃猪肉的，有些则禁止吃牛肉，不同的饮食文化和消费观念都会变成一个个超级难题，商家必须小心谨慎地处理这些问题，否则将会误入销售的雷区，对消费者造成精神上的伤害，而对销售产品的一方来说，这种伤害则更大，甚至会破坏品牌和公司的形象。法国一家餐馆在接待客人时，是这样宣传他们的故事的："这个世界上没有什么肉是不能吃的，我们的神也同样需要吃肉。"这个故事对于一般的客人来说似乎并没有什么禁忌，但是对信奉伊斯兰教的人来说，就是一种亵渎。就像2015年遭遇恐怖袭击的《查理周刊》一样，浪漫的法国人再一次犯了错误，在漫画中对真主不敬，这些故事触怒了穆斯林，并引发了恐怖袭击。

美国一家快餐店也犯下了类似的行销错误，店员们在向顾客介绍自己的产品时，拿出的是几张正在大快朵颐且大腹便便的食客的图片。这很正常，毕竟美国人经常用这类图片或者广告来提醒顾客这些食物多么美味诱人。但是这一次，他们将亚洲人和非洲人也描述成胡吃海喝、严重肥胖的形象，而这显然难以被亚洲人和非洲人所接受，至少并不是所有人都像美国人一样豁达，可以心安理得地将肥胖当成一种消费美德和骄傲。

最后，亚裔和非裔的消费者认为这些宣传故事有侮辱人的嫌疑，他们甚至将这些故事和种族歧视联系起来，而商家这时候不得不站出来道歉，并且承诺立即撤换图片，并且不再将这些故事作为卖点。

在很多时候，文化差异的确是一种困惑，对于那些对不同国家、民族和地区文化不够了解的人来说，的确让人感到头疼。为了避免犯错，他们必须立即行动，尽可能在行销中消除文化差异，或者避开那些差异。为此，他们必须重新设计自己的行销故事，必须想办法在不同的市场上都能够讲述一个受欢迎的故事。

文化差异是客观存在的，因此主观上对不同的文化进行整合并不现实，也容易造成混乱，那么为了避免落入文化差异的陷阱里，商家和销售人员应该如何去设计自己的故事呢？这些设计是否会给商家带来便利？

营销学专家菲尔普斯教授认为文化差异的出现代表了不同的消费原则和消费心理，而在解决这类问题的时候，主要坚持两个原则：第一个就是加强针对性，确保商家所面对的每一个不同的国家、民族、地区的顾客可以听到最符合自身文化特质的故事。这是商家对症下药的一种方式，这也是全球化必须解决的问题；第二个就是找到文化共性，既然不同群体的文化存在差异，而且这些差异可能会造成销售上的困难，那么最佳的方式就是避开这些差异，然后找到一个共同的文化，从而引起情感上的共鸣。

### ——迎合文化需求

百事可乐卖到中国来，不仅邀请中国的明星进行代言，还迎合了中国人的节日氛围和文化习俗，比如过年，百事可乐就会主打“亲情”“团圆”的元素，而不是什么圣诞节。因为在中国文化中，“家”是一个最基本的概念，也是一个最重要的概念，“家文化”是整个中华文化的内核之一，而这个文化内核在西方世界里并没有那么明显，至少不像中国人那么重视。

百事可乐完全可以按照西方人的叙事方式来讲故事，安全可以按照西方人的思维和习惯来推销自己的故事，但问题是百事可乐想要打开中国市场，想要将产品卖给中国人，就不得不想办法迎合中国人的思维、文化和习惯。所以他们的销售故事中，会出现一家人团聚在一起吃年夜饭的情景，而不是围着圣诞树唱圣诞歌，或者在火炉边吃火鸡。

其实，百事可乐所做的就是一种典型的迎合策略，在欧美国家，它的销售主要针对西方人的文化和消费习惯；在中国市场，所有的故事都带有中国元素，而且明显具有中国文化的影子；而在其他地区，百事可乐又会针对性地做出调整。无论是哪一个地区，无论是哪一种消费群体，公司都会针对性地讲出一个最合适的故事。

### ——寻找共性

不同的国家、民族、地区存在不同的文化，但是文化往往也有相通的地方，这就是文化的共性，爱、平等、自由，以及一些价值观，这些往往能够产生情感的共鸣，而不会受到国家和民族的限制，这些文化在全球范围内或者在绝大多数地方都受到认可，没有人会在乎它来自哪里，没有人在乎故事中的主角是谁，没有人在乎整个故事的讲述者是谁。

如今，很多年轻人都喜欢穿着印有人物头像的衣服，比如流行音乐之王迈克·杰克逊，比如篮球之神乔丹，又或者是其他娱乐明星，而有人做过统计，头像被印在衣服上作装饰最多的人是阿根廷的伟大革命家切·格瓦拉。在美国年青一代的着装打扮中，他几乎是出镜率最高的明星。但实际上呢，作为古巴革命的核心人物之一，切·格瓦拉是美国人的死对头，美国政府不止一次想要除掉这个眼中钉，那么为什么他最终反而能够征服美国人呢？

在这里，衣服销售商们可是下了大功夫，一次次地对顾客宣传切·格瓦拉的英雄事迹，而这些故事的核心通常都是“反抗”，而这恰恰是全球最流行的文化之一，可以说在全球范围内，反抗主流已经成为一种精神。正是因为找到了这种文化共性，商家才能成功地向全世界出售这些衣服。

在这一方面，可口可乐公司做得非常棒，它曾经专门制作了一个行销故事，是一首歌：“我们有理由相信世界会变得更美好，因为，每当制造出一辆坦克时，131000只毛绒玩具被生产出来……每当人们树起一道隔阂的藩篱时，200000个写着‘欢迎’的垫子被摆放了出来；每当科学家设计出一种新型的武器时，1000000个母亲正在给孩子烘焙巧克力蛋糕。大富翁游戏的钱币，比真实的货币印得更多。网上传播的搞笑视频，远远多过坏消息。关于爱的搜索比恐惧的搜索次数多得多。每当有一个人说世界会更糟时，100对夫妻正努力制造新生命。每当世界上售出一件武器时，20000个人正在分享可口可乐。这些理由让我们相信，世界会变得更美好……”

为了让整首歌更具质感，公司还增加了很多广告画面来衬托——来自世界各地的不同肤色和民族的儿童进行大合唱，而整个画面更是洋溢着热情、快乐与和谐的气氛。整首歌搭配广告画面其实就是一个非常震撼人心的行销故事，而故事的主题只有一个：和平与平等。这也是为什么可口可乐能够走向全球的原因。

事实上，文化共性是故事行销中最重要的一个要素，寻找共性往往会产生更强的说服力，也会让处于不同文化环境中的人慢慢拉近彼此之间的关系。对于销售人员来说，这种文化共性是一种销售的捷径，它使得整个销售活动不受制于市场环境的影响，也让不同群体之间有了更为直接的、合理的沟通渠道。

从某种程度上来说，文化共性就是一个桥梁，它可以让销售人员更轻易地走进消费者的心里，也可以让消费者更好地理解销售人员故事中的内涵。这种作用是双向的，而且基本上不存在理解的难度和障碍，就像一串数字一样，美国人知道它们代表了什么含义，中国人、俄罗斯人、巴西人同样知道这些数字意味着什么，好的故事就应该通行全球，就应该具备这种共性。

心理学家格林在评价《故事营销》这本书时这样说道："好的故事并不是完全向他人传播自己的经验、情感和理念，而是想办法引起文化上的共鸣、情感上的共鸣。"当然，这种共鸣并不是一种简单地说一些让你高兴的故事，更重要的是一种文化认同和交流，无论是百事可乐还是切·格瓦拉，实际上不仅仅是一种文化上的简单迎合，商家们的目标可不仅仅是为了说一个顾客们能够接受的故事（这只是说故事的初级阶段或者说是肤浅的故事行销手段），他们更喜欢让自己的产品在无形中承担一种文化交流的使命。

## 6. 听一听客户说了些什么

在销售过程中，由于产品是固定的，因此它的存在不一定都是迎合市场需求的，当一个顾客走进商店的时候，商家如果想要成功出售自己的产品，不能抱着“我要将对方需要的东西卖给他们”的想法，而应该想一想怎么让自己的产品卖给那些不知道需不需要的人，也就是说，产品是固定的，而消费者和顾客则是不确定的。

而在很多时候，商家恰恰忽视了这一点，他们以营销的思路和布局来对待自己的销售工作，这显然难以让人满意。所以如何讲好一个故事成为卖出产品的关键因素，但是并不是所有的故事都会吸引人，并不是销售人员一开口讲故事就可以引起他人的兴趣。一个出色的销售员懂得合理地组织自己的故事和语言，而前提就是确保自己所讲的故事能够迎合他人的兴趣和消费心理。

一个好的故事应该具有一定的迎合性，只有故事的内容、形式、内涵都符合听众的心理，它才能够有效地打动人心，才能产生强大的说服力。而这种迎合性并不是随机产生的，也不会有一种故事是万能的，可以巧妙地迎合各种需求。好的故事应该具有一定的针对性，而这种针对性通常讲究的是后发制人。

戴姆勒公司的一位员工曾经对外表态说：“我不会贸然对顾客说些什么，除非他们有这样的需求。”这句话曾经引起轩然大波，大家都怀疑戴姆勒公司的服务态度存在问题，但是如果从故事行销的角度来说，这的确是一个明智的选择。

实际上，多数人对于故事行销的误区就在于他们始终认为自己需要讲故事，需要主动讲故事，“我们要做的就是当着顾客的面说一个好的故事，然后趁机说服他们”。但实际上真正懂得讲故事的人可不会采取过于主动的方式，在他们看来讲故事的最好方式就是顾客正好需要这些故事，或者说这些故事正好能够迎合消费者的心理。所以倾听是一种必然的选择，它与讲故事并不矛盾，而且还可以说是讲故事的前提，也是提升故事行销效率的关键步骤。

从更专业的角度来说，“先听一听客户说了些什么”，这是收集资料并做出调整和反应的一种重要方式，有了这些信息，销售人员的故事才会变得更加有针对性，才能突破消费者的心理防线。

雅诗·兰黛化妆品店的员工约瑟芬女士在公司内部的会议中分享了自己的销售经验，她提到了一个关键的词“倾听”，并认为这是故事销售中一个不可或缺的部分。为了证明倾听的作用，其他高层对她的工作进行了详细的记录。

那一天一大早，就有一位中年女士光顾店里的生意，约瑟芬女士像往常一样热情地招呼对方。当然和其他员工急于介绍自己的产品有多么出色有所不同的是，约瑟芬女士却和对方攀谈起来，两个人都聊到了化妆，而其间约瑟芬女士抓住了对方说出来的一个重要信息：皮肤干燥、过敏。

在这之后，约瑟芬讲述了自己姐姐的故事：“我有一个姐姐，年纪可能和您差不多大，和我常年接触化妆品不一样的是，她有很长一段时间几乎不使用化妆品，无论是手上还是脸上都不会用。她的皮肤很容易过敏，每一次涂抹化妆品后就会出现过敏反应。但是我上周给她带去一盒护肤品，她用完之后觉得不错，至少没有出现那些过敏症状，现在她似乎找到了一些安全感。”

这位中年女士听完故事后，立即打听约瑟芬姐姐所使用的是哪种化妆品，并且表示非常有兴趣买一瓶试试，然后约瑟芬就成功卖出了一瓶护肤品。

十分钟之后，第二位顾客出现在了她的面前，这一次是一个年轻时尚的女孩，装扮非常潮流，言谈举止也显得很张扬，一直在店里面逛来逛去。约瑟芬一如往常地和对方亲切交谈，并且认真地听对方谈论一些时尚话题，谈论一些最新潮的保养方法。接着约瑟芬这样说道：“你知道吗，上周末安妮·海瑟薇（好莱坞女星）在我们的店里逛了一圈，她看起来酷极了，我是说比电影上看到的还要漂亮。我们的很多店员都想要和她合影，但你知道在上班时间，公司可不允许这样的事情发生，所以情况很糟糕，我们只卖给她一些保湿水。”

年轻女孩听完之后，突然好奇地问：“那么海瑟薇究竟买了什么呢？我是说那是什么样子的保湿水？”

“嗯，就是这一款，算得上是最新款的产品了。”约瑟芬主动拿出了产品。

30秒之后，女孩付钱买下了两瓶最新款的保湿水。

女孩刚刚走出门，一位打扮富贵的女士走了进来，并且径直走向高档产品区，约瑟芬认为对方大概不是有钱人家的太太，就是某个公司的老板。当对方在寻找化妆品时，约瑟芬称赞了她的鞋子和衣服，对方很开心，然后喋喋不休地说自己的衣服和鞋子是从意大利最好的服装设计师和鞋子设计师那儿定制的，她还谈论了自己和一些欧洲名流一起吃饭的事情。

接下来，女士直接询问：“对了，你们这儿有没有什么特别好的产品。”

约瑟芬于是拿出了一款新的护脸霜，对她说：“我觉得这款产品非常适合您，这是我们店里昨天才开始发售的产品，在上周的时候，我们的老板给匈牙利第一夫人送去了一套。”约瑟芬的话还没说完，这位女士就打开瓶盖闻了闻，然后微笑着说：“好吧，给我来一瓶。”

在招待这三个不同的顾客时，约瑟芬女士几乎都很轻松地售出了自己的产品，更重要的是，她没有像其他店员一样一成不变地用那些套话来说服顾客，可以说她所说的三个故事都完全不同，而这恰恰是她高明的地方。事实上，通过资料的收集以及询问，约瑟芬发现第一位顾客购买化妆品的动机是安全感，因为对方容易出现过敏症状，所以很担心化妆品会对皮肤造成刺激和伤害。针对这一点，约瑟芬想出了一个好故事，将自己姐姐的经历搬到台面上来说，而这就轻易打动了对方。

在接待第二位顾客时，她同样也是采用这种方法，先倾听对方说了什么，然后从中判断出这是一个追求时尚、追求个性的女孩，所以约瑟芬的故事定位是让一个时尚明星来代言，这样就可以轻易引起对方的兴趣。

至于第三位顾客，从对话中就可以听出她真实的购买动机是一种归属感和成就感，即通过购买高价格的产品来证明或者衬托自己的社会地位，确保自己的身份得到上流社会的认同。所以约瑟芬用匈牙利第一夫人的故事进行诱导，并轻易打动了对方。

从这三次销售过程中就可以看出，约瑟芬非常善于通过倾听来收集顾客的相关信息，然后找出对方的真实动机和消费心理，这样她就可以针对性地说出那些最得体的故事。

“汽车销售之神”乔·吉拉德说过：“在我想要对人说点什么的时候，总会提醒自己先听听别人说了些什么。”不过，想要做到倾听，从习惯上来说往往很难，因为我们都习惯了用自己的方式去说服别人，我们还有争夺话语权的习惯，所以在交流过程中，多数人都会想当然地认为自己的想法是正确的，而且可以轻易说服其他人。我们的话语变得更加主动和主观，而这在销售中是一个大忌。因为商家最终是要把产品卖给客户的，他们的故事也是为了迎合客户的需求，如果自说自话，很可能会让故事失去意义。

试想一下，如果约瑟芬将那些故事的顺序打乱，对缺乏安全感的中年女士说起流行的新产品以及安妮·海瑟薇，对追求时尚的女孩说高档产品的故事，对富贵的女顾客说起防止皮肤过敏的故事，那么这三单生意都可能告吹。可以说如果不能事先对顾客的想法有所了解，那么好故事也可能会“误入歧途”，造成一些坏影响。

在引导客户做出购买决策的过程中，销售人员必须想办法对客户的基本情况做一番了解，或者说对他们隐藏在消费行为背后的想法做出一个最基本的判断。

——他们的购买动机是什么？

——这种购买的欲望是否迫切？迫切的程度如何？

——他们是如何看待这些产品的，这些产品的哪一些方面吸引了他们的关注？

——顾客是出于什么样的心理需求做出购买行为的？

——顾客对于产品的需求清单是怎样的？产品的外观、性能、价格、质量、服务、怀旧情感、追求时尚的需求，还是其他什么特质？其中哪些特质是靠前的？

——客户想要在购买中获得何种回报？情绪上的快乐？情感上的满足？心理压力的舒缓？

——他们是否害怕这种购买决策可能会产生什么后果？是否愿意承担某些风险？

倾听和了解这些想法，实际上就是一种故事的基本假设，也是形成故事的前提，销售人员可以以此作为切入点来进行部署。

# 7. 帮助客户了解他们是谁

有个同学最近开了一家小饭馆，专门经营便当生意，不过让他感到困惑的是，这些便当根本卖不出去，没有人对这些便当感兴趣，好像他们平时根本不吃便当一样。有一天这个朋友找到我，向我诉苦，毕竟他制作的便当在十几年前曾经是很多人都喜欢吃的美食，但是现在很多人更愿意去其他快餐连锁店或者肯德基之类的地方消费。

想到这里，我突然想起了台湾人所经历的便当生意的困境，在最近几年，很多台湾老牌的便当店铺都关门歇业了，店主们成为名副其实的被新型快餐文化扫荡和淘汰掉的一代人。不过也有一些店家是例外，其中最明显的就是奋起湖便当。

那么奋起湖便当是如何卖便当的呢？很显然，在大形势不景气的情况下，商家改变了过去单纯地以口味来赢得顾客好感的思维，转而将台湾和便当这两种带有强烈本土印记的符号强强联合起来，开始打造“台湾”和“便当”的关联记忆——“火车上的便当记忆”，并贴出了很多怀旧的照片以及创始人的故事。这些照片和故事引起了顾客对于火车上吃便当的记忆，而这份记忆往往是一个时代、一个人生阶段的记忆，里面夹杂着丰富的感情，以至于很多人都感同身受，他们从便当中回忆起自己曾经的经历，可以说这时候的便当实际上承载着挖掘历史、回顾人生的使命。同时，也帮助消费者了解和定位了自己——这就是他们的生活，就是他们过去一直都在做的事情。

奋起湖便当所依靠的就是利用各种故事来帮助台湾人重新找回记忆，让他们认识到自己过去的生活方式以及对便当的需求。随着生活的改变，人们饮食结构的改变，很多人慢慢遗忘了这些东西，但实际上便当是台湾人基因的一部分，也曾是生活中最重要的食物。奋起湖便当的故事所承担的责任就是唤醒一代人乃至几代人的记忆，或者说它的作用就是为了帮助客户了解自己是谁，了解自己原有的那些特质和习惯。

如果说奋起湖是为了寻找失去的记忆以及经验，让消费者重新找到过去吃便当的乐趣，那么麦当劳则选择了给消费者定性。至少在麦当劳出现以前，很多人在吃饭方面是处于混乱状态的，比如一些工作繁忙的上班族不知道自己是否应该每天下馆子吃饭，不知道自己是否会有耐心花费一两个小时在餐桌上享受美食。

麦当劳所讲的故事很简单，那就是让忙碌的工作不再耽误吃饭，或者说让吃饭不再成为一种负担。在店家所讲的故事中，那些上班族可以非常惬意地坐在麦当劳里快速解决午餐或者是早餐，或者他们在去公司的路上就能解决一顿饭。

对于多数人来说，他们将美食当作一种美的享受，因此无论是酒店，还是饭馆，都会主打两个元素：一是美食，二是生活。对它们来说，消费者来饭店里面吃饭，最重要的就是为了享受美食带来的乐趣，就是为了享受生活中那些美好的体验。但实际上并非所有的顾客都是如此的，也并非所有吃饭的人都是为了享受生活，在很多时候，由于工作的需要，他们更习惯于将吃饭当成一个每天必须完成的任务。

麦当劳提供的这种方便快捷的就餐方式，在某些方面改变了人们的饮食方式和饮食习惯，很多人开始意识到自己在快节奏的生活模式下，已经成为快餐一族。而麦当劳的销售故事所强调的重点可不仅仅在于为上班族提供饮食的便利，更在于强化上班族的身份，所以很多上班的人最终认可了这种生活模式，并开始对麦当劳产生好感。

有人曾对此做过调查研究，发现很多时候，人们的消费都会呈现出一种“我该怎么办”的情况，消费者无法认清自己的定位，他们通常都会表现出一些疑惑和不确定：

——这件产品适合我吗？

——我应该怎么搭配衣服？

——这个产品是否有用呢？

——我该如何做出选择？

——我是不是应该相信别人介绍的产品？

这些困惑实际上是一种消费定位不明朗、不清晰的表现，消费者一旦出现这种情况，就会对产品产生怀疑，甚至造成消费行为的混乱。而商家所要做的就是帮助消费者理清所有的关系，帮助他们来了解自己消费行为背后的重要信息，最终给自己寻求一种最佳的消费模式或者选择最合适的消费品。

就像有些人不知道自己适合穿什么，应该穿什么衣服一样，而精明的销售员会依据顾客本身的特点进行引导，比如说“你的身材这么纤瘦，可以穿一些风衣，这样看起来会更加得体舒适，也更有气质，有一次，我见过××明星就这样穿”“你的身材很不错，可以穿一些时尚、性感一点的衣服，我认识一个朋友，每次这么穿出去，回头率都是百分之百”“你看上去知性优雅，可以穿得简单一些，或者配一条长裙”“你为人干练果断，可以穿一些职场装，我的朋友就是因为穿成这样才被一家外企录用的”……

通过这种故事的渲染和分析，消费者会慢慢明确自己应该如何消费，应该如何做出正确的消费行为。销售人员要做的就是分析顾客的特点，然后让消费者明白他们穿上这样的衣服，或者拥有某件产品，就可以成为某一类人，可以表现出更大的生活优势，而这本身就是最适合他们的。

其实，除了追寻记忆以及精准定位自己之外，消费者也可以通过消费来发现自己身上未知的面貌。比如，同正常人的心理活动一样，消费者同样会迫切想要弄清楚“我可以成为谁”，对于这个念头的追逐，几乎就是追逐生命的大工程。而好的销售故事往往懂得刺激消费者去挖掘自身的潜力和面貌，他们会发现自己原来还有其他的面貌，从而拓展出更宽的视野。

从消费心理学的角度来说，消费者通常可以通过某种新的欲望和偏好来重新定义自己，换句话说，每一个人都有独特的另一面，这些往往隐藏在品位之中，并且通过消费行为彰显出来。而品位在于消费者如何使用这些消费物，并且重新发现自己是谁。一个好故事就能够刺激消费者的欲望和新的需求，然后让消费者重新去发现和定义自己，找到一个全新的自己。

有家化妆品公司在销售自己的产品时，对潜在的年轻女性消费者讲述了这样一个故事：戴安娜王妃曾经不喜欢化妆，而且像个男孩子一样，个性上放荡狂野，完全没有一点女孩子的矜持和优雅。不过她的母亲有一天将自己的化妆品交到她手上，然后对她说：“从今天开始，你将变得与众不同，将发现自己非常独特且魅力无限的那一面。”

无论这个故事是不是有虚构的成分，至少在这里，商家很好地将自己的化妆品设定为一个自我认知的工具，化妆品已经不仅仅是一个单纯的修饰工具，而是少女成长的方程式，或者是一种仪式，通过化妆，少女会变得更有女人味，或者说她们会向自己所期待的“女人”前进一步，而她们终究会在化妆品当中挖掘出身上那些无与伦比的魅力。

综上所述，故事实际上扮演的是一个自我寻找、自我定位、自我挖掘的作用，它的最大功效就是引导客户及时了解自己，了解自己的消费习惯。这恰恰是商家最乐于见到的现象，因为这样，他们就可以将自己的产品顺利推销出去，并且成为消费者自我了解所依赖的一个重要道具，而这种依赖会让商家的销售变得更加顺畅，也会让消费者建立起更高的品牌忠诚度。

Chapter 5

# 简单制胜：简约而不简单

在多数情况下，如果一个故事足够简练的话，它的结构性问题也会相应地减少，而那些内容多、所要传达的信息量比较大的故事往往更容易出现结构性的混乱。

# 1. 是否有必要说得更多？

"地球上最后一个人独自坐在房子里，这时，忽然响起了敲门声……"这是美国著名科幻小说家弗里蒂克·布朗所说的一个惊心动魄、充满遐想的故事，甚至也被认为是世界上最好的科幻故事。

在弗里蒂克·布朗看来，一个好的故事并不一定是那种又长又复杂的故事，不过在很多时候，多数人都不会意识到这一点。尤其是在销售工作中，信息的过量传播几乎成为一种常态。

在一档名为《追踪销售》的节目中，有人专门对销售人员的销售技巧进行了调查和分析，而在这个调查过程中，他们发现了一个普遍存在的问题，那就是话太多：第一个是珠宝店的销售员，在短短半个小时内，她一共对顾客说了3542个字；第二个是服装销售员，她在20分钟的时间内说了2907个字；第三位是面包店的服务生，也在5分钟的时间里说了504个字。他们都说出了很好的故事和理由，但交易的成功率并没有想象中的那么高。

主持人克里斯说了一句经典的话："我们正活在一个多嘴多舌的年代。"讲故事需要一定的语言来组织，但这并不意味着说得越多就越能将事情说清楚，讲故事最重要的还是应该将事情讲清楚，只要做到了这一点，那么就没有必要多说。这种模式可以称之为信息的浓缩，或称之为有效信息的解读。

浓缩信息在各种销售场合下都显得很有必要，因为没有消费者和客户愿意花费几个小时坐在那儿听那些长篇小说式的介绍，除非这些报告能够进行浓缩。很多销售人员都有一个最基本的业务素质，那就是健谈，这是一个好品质，就像我们的父母或者老板所说的那样，“健谈可能会让你在人际交往场合游刃有余”，但健谈并不意味着要无休止地纠缠着顾客说上一卡车的话。

不得不说，现在我最讨厌的一个地方就是服装商场或者专卖店，在那儿销售员的殷勤表现让我感到有些崩溃。她们似乎并不在乎自己会浪费多少口水，只要有顾客进去，就会围着他转来转去，巴不得将每一件衣服都详细介绍一遍。

有几次，我想要买一件衬衫，但是她们似乎担心我随时可能跑掉一样，不厌其烦地将所有的衬衫给我挨个介绍，重要的是，她们并不介意在每一件衣服上都花费很多时间来讲故事。我得承认她们兢兢业业，而且还有不错的语言天赋，可是她们说了太多不该说的话，我想这些语言天赋可不能被浪费在这上面。

这就像那些让人无法理解的超长广告词一样，如果有企业试图将自己的广告词码成几千几万字，那么只能说它们干了一件蠢事。虽然在具体的销售过程中，销售人员有大把的时间介绍产品或者讲故事，而且几乎不会像广告那样浪费太多成本，但对于消费者来说，这种情况同样不可忍受。

销售人员是否有必要说那么多话？那么多的话是否真的能够提升销售的效率？事实上并非如此，对于那些善于销售的人来说，他们不仅能够做到点到为止，而且总是在想办法说出一个简洁明了的故事。

事实上，行销故事的内容太多、太复杂根本没必要，因为消费者一次性所能接受的信息并不算太多。比如从心理学的角度来说，在一段谈话中，销售人员最多只能聊到七种不同的产品、七个客户的名字、七个简单的提示。哈佛心理学家乔治·米勒的有关短期记忆的七块信息区的理论正好印证了这一点，在乔治·米勒看来，除了采取重复或者强行记忆的方式之外，我们的大脑在短期内只能记住大约七条信息，换句话说，我们对于第八种事物的印象可能若有若无。

通常情况下，我们可以接受类似的测试，比如在购买某个商品时，至多只能够记得七种品牌；在一次陌生的聚会上，我们大概也只能想起七个同我们握手的人的名字。出现这种情况并不是因为我们的大脑出现了问题，而在于这是我们身体中存在的一个天然的信息过滤系统和大脑存储机制。

这样就产生了一个最直接的问题，那就是当销售人员说出一大堆的产品名字和相关信息时，消费者是否能够记住它们？我的父亲正在想办法购买一处房产安享晚年，但是中介商拿着一大堆的房产资料过来，将上海以及周边城市的房产信息全部介绍一遍，父亲在听完第十个房产的相关信息后就彻底崩溃了，于是放弃了自己的购房计划。

我不确定父亲是不是因为房价过高而放弃了自己的计划，但显而易见的是，那个中介商并不是一个讲故事的好手，他说了太多的信息，太多的故事，而这些故事是父亲根本无法完全消化的。实际上如果这个中介商足够聪明的话，他可以划定一个比较明确的地理界限或价格界限，然后拿出四到五个房产信息以及相关的故事来同我父亲交谈，我想情况也许会变得不同。比如父亲不太可能考虑那些房价太离谱的城市中心地带，也不会考虑那些离上海太偏远的地方，以及一些不太出名的房产品牌。

除了消费者接收能力受到限制之外，就是销售人员讲这么多的话效果会怎样。就像《追踪销售》节目中所呈现出的研究结果一样，太多的话、太多的故事内容并没有让整个销售过程变得更加顺畅，并没有让整个销售活动更有效率。一个善于讲故事的人在短短几分钟之内就可以说完一件事，并且快速打动人心，就像马云当初花了6分钟时间来说服孙正义投资阿里巴巴一样。反过来说，当一个故事变得冗长、复杂的时候，虽然很多细节可以描述得更加清楚，虽然彼此之间可以有更多的了解，但实际上顾客所关心的问题很简单：你的服务好吗？产品的性能怎么样，我能从中获得什么或者体验到什么？

对于商家或销售人员来说，只要针对这些问题，将产品和自己的相关信息组织成一个好故事就可以了，至于其他一些不相干或者不重要的内容完全可以忽略，而没有必要让其成为整个故事的累赘。当一个人能够用三分钟的时间讲出一个好故事的时候，就没有必要浪费顾客和自己的时间来说一个十分钟的故事，尽管这些更大容量的故事内容会增加销售人员的发挥空间，但这些额外的发挥并不会产生更多的价值，而且自己一旦发挥太多，同样会压缩消费者的理解空间，并降低他们的购买欲望。

所以无论是从表达的效果还是消费者的反应来看，行销故事都没有必要也不应该占据太多的容量，只要能够把事情说清楚，只要能够说服消费者，那么故事就无所谓长短，一些小篇幅的故事往往更具针对性，也更能够被人接受和理解。

## 2. 限制自己的信息输出量

比利在周五的早上飞到洛杉矶去会见公司的大金主戴维先生，戴维在洛杉矶拥有多个大的投资项目，传言他是那种轻易就能控制企业发展命脉的大人物，还是一个脾气古怪、尖酸刻薄的精明商人。有人说他选择企业进行合作比选择自己的老婆还要苛刻，他还同样喜欢捉弄和折磨人，喜欢那种将别人生死掌控在自己手中的感觉，对于那些迫切需要融资的企业来说，戴维从来不会充当好人，哪怕这些企业真的有利可图。甚至只要他某天早上喝咖啡烫到了舌头，或者因为一只苍蝇惹怒了自己，就会毫不犹豫地让那些前来谈判的人滚蛋。

现在比利不得不将自己公司的命运交到这个人的手上，而且戴维先生只愿意花五分钟见比利，因为他太忙了，只能让比利在五分钟之内说出自己想要说的东西，当然，其他的十几个求见者也是一样。

在准备会谈之前，其他人都在忙着准备各种资料，并且努力想办法在5分钟之内将自己公司的全部情况说清楚。而比利几乎什么也没做，反而悠闲地坐在咖啡厅里享受了一整个下午的休闲时光。随行的助理已经意识到了问题：比利可能已经放弃了，也许他根本不想在一个只愿意给出5分钟交流时间的超级浑蛋身上浪费时间。

第二天，各位公司的代表都聚集在戴维家豪华的会客厅里，然后他就像一个目中无人的大浑球一样，叼着雪茄，漫不经心地度过每一个5分钟，听着那些企业家和代表们精彩而详细的描述，可以说在短短半个小时内，他就大概了解到了六家企业的情况，当然他的脸上几乎毫无表情。

接下来是比利，他既没有介绍公司的基本情况，也没有做自我介绍，而是直接谈论了公司最近准备在南加州开发新项目的事情，这是一个代号为“跨越者1号”的计划。这大约只是耗费了2分钟的时间，而在结尾，比利说了这样一句话：“这个项目只是公司正在进行市场开发的一小部分，未来整个加州都会被我们的新产品所占领。”

整个过程只有不到3分钟的时间，但比利已经礼貌地闭上了嘴巴。戴维非常好奇地看着眼前这个不那么多话的中年人，突然站起来说：“请问你叫什么名字，我想明天我们可以谈谈合作的事情。”就这样，比利成为当天唯一和戴维先生签订销售合同的人。

尽管比利的成功有些让人摸不着头脑，但对于戴维来说，胃口已经被完全吊起来了，原因就在于比利聪明地隐藏了很多重要的信息。对戴维来说，他的脑子里一定想过很多问题：“什么是‘跨越者1号’？”“是否还有‘跨越者2号和3号’？”“整个公司的所有计划包括什么？”“他们最终会垄断加州吗？”“为什么对方对自己会表现得如此淡定呢？”事实上，戴维是一个冒险家，他不喜欢纯粹的理性的分析，这也是为什么比利更容易吸引他的原因。

假设比利是一个非常出色的心理学家，那么他的确耍了一个小把戏，一个非常高明的小把戏！因为他知道每个人都有求知的欲望，每个人都想要对一切了若指掌，尤其是戴维这样的大人物，他们总会谨慎对待自己的每一笔投资，尽管有时候看起来感情用事，但他们肯定事先对相关企业都做了一定的调查，接下来只要完善这些信息即可。而比利刚好卖了一个关子，他让整个故事变得更加捉摸不透，戴维这只贪婪的老虎可不会轻易放过这样的机会。

现在将比利的方法进行解析，事情就变得很明了了，那就是信息限制原理。事实上，对于任何一个营销者来说，他们所表述的每一个故事、每一句话、每一个方案，本质都在于卖信息，就是希望将故事中的信息透露给客户或者消费者。这是一个诱饵，如果别人对此感兴趣，自然会上钩。

而如何卖信息就是一门高深的学问，比如多数营销者会秉持这样一个观点和想法：我要将自己所有的优点全部告诉别人，所以首先他们会花费大量时间介绍产品的各项功能、特性、价格、服务；其次，他们会想方设法运用这些“优势”来做好宣传攻势，与其他品牌的产品进行对比，看上去他们做得很棒，但是一旦消费者了解了所有的一切，就很快会降低购买的兴趣。

一个拙劣的服装销售员总是急不可耐地对客户“摊牌”，将这些衣服所有的优点和特性都说个遍，而消费者这时候通常不会想要立即买下来，他们有自己的小算盘：“我更应该去其他店里看一看，然后货比三家。”而接下来，他们会认为这些衣服“也不过如此”。毫无疑问，过度的充分的信息暴露会降低产品身上原有的光环，可是多数企业和营销者却并未意识到这一点，他们仍旧觉得说得越多，就越容易吸引别人的关注。

经济学家们一直致力于“信息博弈”的研究，其核心内容就在于：在整个市场机制和交易法则下，谁掌握了更多的信息，谁就能在经济活动中占据主导地位。这是一个普遍适用的法则，对营销者来说，他们也必须让自己处在信息主导地位上，所以通常最应该做的不是将所有的信息透露给客户，而是想办法隐藏一些。

这就是信息限制原则的核心思想，目的就是为了充分制造信息不平衡的状态，这样才能确保自己的产品变得更具吸引力，因为客户或者消费者总会迫不及待地想看到那些被限制的信息，即使他们原本不太关注这些东西。

那么该如何去限制信息的传播呢?

### 1.独家信息

在正常情况下，信息的传播渠道和媒介多种多样，这样就促使人们可以更加全面地了解事实真相，并且也会相应地降低关注度。不过一旦信息受到限制，只留下一条传输通道，那么信息的存在就变得价值连城。而由于信息传播渠道的限制，导致信息流出量不断减少，这时候大家的兴趣很快就会被调动起来。这也是为什么很多新闻机构常常会在播报中提醒公众：这是一条独家播报的新闻；一些八卦媒体会说：这是内幕；电视台会特别标明：这是本台独家播放的电视节目。对于销售者来说，如果能够确保自己提供的产品信息是独家信息，那么必定会吸引客户的关注。

### 2.营造神秘感

几乎每一款苹果新手机在进入市场之前，都会传出各种谍照，虽然苹果公司总是保持沉默，但越来越多的人相信这就是苹果公司自导自演的一出戏码。事实上，这些谍照非常简单，只是手机外壳，或者一些模糊的内部结构影像，要么就是一些新功能的简单猜测。目的就是为了营造神秘感，好给新产品上市预热。

一个出色的销售人员未必真的每次都要运用一些模糊的、片段式的叙述方式来呈现出新产品的轮廓，但是一定要懂得提高产品的神秘感，要让消费者觉得你的产品非常吸引人，或者提供一些未经证实的产品信息，而这些未经证实的信息往往会提升市场的热度。

### 3.适度隐藏

精明的商家往往会将大部分重要的信息隐藏起来，只巧妙地展示一部分信息，这些信息的存在就是充当诱饵，目的就是为了抓住消费者眼球。优秀的销售员善于把握产品的某一个特性进行宣传，一旦消费者意犹未尽，他们会这样说："先生/女士，我想您更应该买回去体验一番，我想那一定会让您难以忘怀的。"

那么这些被隐藏的信息究竟是什么，究竟有多少，究竟会带来什么样的体验和价值？这时候，消费者大概乐于充当一个冒险家去一探究竟。

# 3. 逻辑思维下的信息垃圾

著名心理学家罗本曾经说起一件事，有一次，他和孩子在一起玩一个叫作“家乡找找找”的拼图游戏。罗本有着成年人所具备的逻辑思维，所以他所使用的方法就是先确切地了解哪一个州在什么地方，然后花点时间记住它紧邻哪几个州，这样一来就可以记住大概的地理位置了，而且基本不会出错。

事实上也正是如此，罗本几乎每一次游戏都准确找到了相应的地理位置，没有出什么错。不过让他感到惊奇的是，自己虽然完成得很好，可是孩子却总是先他一步完成游戏，更重要的是，孩子的分数也几乎是百分之百。罗本很难理解为什么孩子会做得比自己还要出色，事实上，他并不觉得孩子对于城市或者地区的理解会有自己那么深刻，也并不认为自己的智力和记忆力比孩子要差，但是为什么自己的逻辑能力会输给孩子呢？

经过调查，他这才发现了原因，原来孩子从来不像他一样依靠逻辑思维来记忆，“加州紧邻哪个地区，加州的面积大约是多少”，孩子自有一套更为简单的方法，那就是记住那些州的形状，孩子会说：“加州像××，得州像××，亚拉巴马州像××，阿拉斯加州像××。”或者说“我的家乡是什么形状，而隔壁的州是什么形状”，最终孩子先通过记住家乡的形状，再分别依靠大脑中的形状来逐步寻找周边的州。由于孩子眼中看到的是形状和画面，因此能够更快地找到不同的拼图。

孩子并没有太过理性地进行分析，也没有一整套非常完整、可靠的逻辑，但是却让所有的事情变得更加简单明了。很显然，相比于父亲的逻辑思维，孩子所追求的是一种画面感，他们依据画面感来理解事物，并寻找事物内在的联系。

整个世界的运转需要依靠逻辑思维，我们的工作和生活也离不开逻辑思维，但是在行销故事中，大量的逻辑很可能会破坏故事的顺畅性和画面感。毕竟逻辑通常需要大量的推理，需要大量的数据和论点来支撑，而且通常还需要花费大量的语言来进行说理，不过对于消费者或客户来说，他们通常并不愿意花费太多的时间来听那些毫无趣味的逻辑，他们更希望从一些更简单的事物中做出判断。

从营销心理学来说，用户往往处于“懒惰”状态，他们在购买产品、享受服务时，希望得到更为简练的提示，在一大堆数据和理论中绕来绕去，从来都不是他们的风格。所以他们通常的表态就是：“告诉我，这是什么”“我可以获得什么样的价值和服务”。所以销售人员必须剔除那些看起来不必要的东西，必须改变过去那种通过逻辑思维来说服消费者或者客户的方法，他们完全可以通过一种更为直接，更为形象的方式来展示自己的产品或者服务。

著名的洗发水品牌“飘柔”有一个非常出色的广告，它的趣味开场白呈现的是这样一个画面：美国足球运动员、奥运金牌得主米亚·哈姆以90秒的时间弄乱头发，并在90秒内复原发型。在这个画面中，故事简单、内涵丰富，重要的是观众能够一目了然。如果广告公司准备对“飘柔”做一个更为理性的、充满逻辑性的广告，或者售货员准备用逻辑思维给顾客介绍产品，那么情况很可能是这样：

飘柔是目前市面上最好的洗发水之一，它可以保持头发长时间乌黑油亮、清爽柔顺，其中蕴含洁净因子和柔顺因子，能发挥双效作用，洁净秀发的同时在头发表面形成顺滑膜阻隔外界尘染，令秀发长时间保持洁净清爽，就像刚刚洗过一样丝丝分明，清爽怡人！其特含的天然植物配方以及绿茶成分，可以有效去除秀发油腻和杂质，留给秀发绿茶的清新香味。此外，它还富含巯氧吡啶锌（PTZ）优质矿物，该成分可强效去屑，帮助预防和解决头屑烦恼……

对于消费者来说，洁净因子和柔顺因子究竟指的是什么？天然植物配方有哪些？绿茶成分究竟有什么作用？巯氧吡啶锌（PTZ）是什么东西？这些可能都需要销售员做出合理的解释，他们还必须想办法将自己的产品和其他品牌的洗发水区分开来，这样才有可能说服消费者，但问题是很少有人会花费时间和精力听销售员说这些。相反地，简单明了的故事一下子就让他们明白过来，并且产生更为直接的触动。

逻辑性太强的事情往往非常复杂，销售尤为如此，一旦整个销售语言的脉络充斥着强大的逻辑，那么想要将重点说清楚，就需要非常严谨的、复杂的语言来进行组织。简单来说，为了说清楚某一个观点或者核心内容，商家必须运用更多的观点来解释和衬托它们，而这种解释只会增加话语的容量和难度。消费者愿意花费时间和精力倾听这些复杂的内容，并且对内容进行剖析吗？很显然，对于他们来说，过多的逻辑解释就是一种信息垃圾。

实际上，逻辑性强的故事，内容往往非常繁杂，稍微处理不当，就可能出现大量的信息垃圾。就像美国前总统小布什一样，为了发动对伊拉克的战争，他不得不用大量的证据和逻辑性强的语言来寻找发动战争的借口。但这些逻辑堆砌起来的语言和借口且不说能不能完全说服别人，仅仅看他在国会上所做的那些长篇大论的演讲，听起来可不怎么让人舒服。反倒是当时的国务卿赖斯说的一句话起到了不小的作用：“我们都见识过萨达姆的杀人技巧，也在种族屠杀方面令人害怕，所以如果他掌握了大批生化武器，那么各位可以想象一下中东地区会成为怎样的炼狱。”有人认为赖斯向国会提供了一个更强有力的动武理由，因此他们愿意对伊拉克发动战争。

将赖斯的故事技巧运用到行销故事当中来也是一样的，那就是尽量避免说一些逻辑性强的语言，尽量减少信息容量，通过打造一些更强的画面感，来有效提升故事的说服力。事实上，行销故事原本就应该具备更多的画面感，它的本意就是为了帮助消费者更好地理解那些即将出售的产品，而画面恰恰是最简单、最直观的一种体现。

所以最好的办法就是适当打破逻辑，尽量运用一些更能带来触动的内容来构建整个行销故事。就像之前所说的刺激消费者的右脑一样，商家或销售人员必须想办法给予消费者更多的画面感，而不是运用逻辑来说服他们。法国心理学家古斯塔夫·勒庞说：“群体相信一切不可能的事情，相信一切不合逻辑的事情，相信一切不合情理的事情，相信一切不存在的事情，但唯独——不相信现实生活的日常逻辑。”事实上，故事的逻辑很容易刺激和开发消费者的左脑，会让他们变得更加理性，变得更加挑剔，所以，当整个故事中充斥着逻辑的时候，消费者更容易对故事的真实性和可靠性提出质疑。

## 4. 开门见山，不要拐弯抹角

我在最初参加工作的时候，曾经在一家公司推销数控机床，当我第一次走进一家工厂和厂长进行交流的时候，我承认自己有些“礼貌过度了”，当然我说了一大段非常切合实际情况的故事，我说了前一个月和一个客户交谈的情形，我的本意是借助这个故事引出产品的质量和信誉问题。而在这之前，我又做了一个简单的自我介绍，并且给这个故事加了一个很长的开头。

不过在我谈了几分钟之后，那个厂长突然不耐烦地冲我摆了摆手，让我下一次再来，因为他很忙，他必须立刻处理眼前的工作。我很沮丧地离开了这儿，一路上我一直都在想这样的一个问题：是不是对方的工厂根本不需要这些机床？可是如果不需要为什么对方又答应了要见面交谈呢？

事实上，在和这家工厂的厂长见面之前，我已经准备了好几天，不仅对这家工厂的运营情况有了一个大致的了解，也对自己所要讲述的故事进行了完善，我觉得自己可以说服对方买下我的产品。当然，事情最后有些失控，我完全高估了自己的能力。

回去之后，我同父亲讲起了这件事，并且将自己所说的故事重复了一遍，父亲摇摇头说：“你知道你的问题在哪儿吗？你的故事太啰唆了，而且并没有一开始就直接进入正题，我甚至都怀疑你没有正式进入自己的故事。”

父亲的话一下子敲醒了我，事实正是如此，我几乎还没真正开始说自己的故事，那个厂长就已经表现得很不耐烦了，问题就出在这儿，我自己将好好的一个故事给搞砸了。三天之后，我再次硬着头皮去找那位厂长，这一次我们在他的办公室里见面。而见面后，我直接就说出了那个故事，并且在故事的开头就指出了双方合作的必要。厂长听完我的故事后，考虑了几秒钟，然后就同意进行价格方面的谈判以及对产品性能进行基本的测试，而一周之后，我正式卖出了三套机床给这家工厂。

营销心理学家们经过研究发现，当买卖双方正式开始交谈的时候，销售方最好在10秒以内引出话题，而当一个故事展开之后，最好在10秒以内就要让对方了解你的产品，或者大概要说些什么。尽管并非每个人都是这种情况，可是当你想要向别人传达某个信息时，10秒就是一个非常重要的时间段。通常情况下，别人对你开口说话后只有10秒的兴趣，在这段时间内，如果无法说出吸引人的话，那么整个谈话就会显得拖拖拉拉，而对方也会失去兴趣，至少他们对你所要说的话或者所要讲的故事会变得比较迟钝。

在行销活动中，这是一个更重要的技巧，也就是说我们必须确保自己能够开门见山地谈论自己的故事，而不是一拖再拖。实际上对于多数客户和消费者来说，他们并非总是那么有耐心，也并不是始终保持愿意认真倾听的姿态。尤其是考虑到如今各个品牌竞争如此激烈，一旦消费者缺乏耐性，他们会立即被其他品牌的产品所吸引。加上生活节奏的不断加快，网络购物的发展和完善，人们越来越喜欢那种快速消费的理念，很少有人愿意再去商场里闲逛半天，更不会有什么兴致听上半天废话。

正如华尔街著名的投资人爱诺德·帕克所说：“对于那些金主而

言，他们没时间听你在这里聊家常，如果你没有在第一时间说出自己想说的东西，那么就会被别人捷足先登，你的身后永远都有人排着队等候。”这就是市场竞争的一部分，因此所有的行销故事都必须尽量避免成为拖累竞争力的罪魁祸首，它必须展示出自己的说服力和杀伤力，而且必须是快速展示，因为没有多少人愿意给商家10秒钟，也没有人愿意多浪费10秒钟。

国内一家服装品牌公司的创始人这样对员工说道：“你必须快速说服你的顾客，因为留给我们的时间并不多。”这就要求所有的行销故事必须一针见血，必须在短时间内被对方接受且能够产生足够的效用。很显然，随着产品种类的增加以及竞争对手的增加，顾客正变得越来越挑剔，他们在整个买卖活动中更显得游刃有余。因此对于销售产品的一方来说，他们能做的就是尽量讲出一个好的故事，尽量快一点将这个好故事传达给消费者，只要他们已经准备好了讲出这些故事，那么就不要有太多的迟疑和婉转。换句话来说，他们在试图用故事说服消费者的时候，整个故事的构思一定要把握“快、准、狠”几个特点。

实际上消费者更加关心的是产品适不适合自己，是不是能够满足自己的基本需求，这些产品具备什么样的意义和价值。所以销售人员必须切中要害，当整个故事铺开之后，就要重点突出产品的性能或者品牌的内在含义，又或者是某一种理念，可以说从一开始故事就必须抓住人心，就必须指明大概的内容，虽然故事有情节，也有一些意想不到的包袱，但是至少在一开始，就必须让顾客知道你要出售自己的产品，而且这个产品是值得购买和消费的。

# 5. 抓住故事的核心内容

国内一家制造公司H准备进军南非市场，当时，在一家外国企业的牵线下，国内的这家企业准备与南非一家大型加工厂安诺公司进行谈判。这原本是一次非常好的合作机会，只要将自己的产品卖给对方，公司就将顺利进入南非市场。所以在双方开始谈判的时候，H公司准备了一个非常好的故事，大意就是说安诺公司前一任合作者的产品就是自己提供的，双方的合作包括了技术转让以及产品供应、人员培训等各个方面。

不过在谈判之前，由于安诺公司此行的负责人需要接待新的客户，所以只愿意给出十分钟的时间来听一听对方的介绍。很显然，对于一心想要好好表现的H公司来说，这点时间完全不够用，所以他们一直都在想办法拖住安诺公司的谈判负责人，并且认为对方不至于因为短短的几分钟时间就浪费这么好的合作机会。但事实上，H公司在超出了2分钟之后，也没有将故事讲完，而安诺公司的负责人根本无心继续听下去，仓促地离开了谈判桌，双方的合作计划因此搁浅。

H公司似乎很努力地想要表达清楚自己的信息，但却忘记了对方是有时间限制的，而H公司却没有想到要挑一些重要的内容来说，结果导致整个对话的失败。事实上，一个好的行销故事，一个简化的行销故事并不在于它的内容有多么简短，也不在于它用最小的篇幅说清楚了一件事情，真正的简单是说出了那些最重要的信息，而省略或者压缩那些看起来无关的内容。可以说跳出重点内容来说，是确保故事得到简化的一个重要方式。

法国飞行家兼作家安东尼·圣埃克絮佩曾经提出一个著名的理论："优雅工程"理论，按照她的说法，"设计师的作品只有达到了没什么可以删除的程度——而非再没什么可以添加的程度，他才清楚自己实现了完美。"如果将这句话移植到行销故事当中去，那么可以这样说，当一个行销故事被删减到再也无法删减的程度时，整个故事就变得干脆利落，就变得简洁明了。那么如何才能确保一个故事删减到不能再删减的程度呢？最简单的就是尽量确保那些核心内容的完整，而删除那些不必要的装饰性语言。毕竟对于一个故事来说，其最核心的内容以及灵魂就是那些核心的理念或者内容，至于其他一些外在的形式，一些辅助性的语言可以按照要求尽量减少。

就像一些经常开会并且喜欢在会议上长篇大论的领导一样，他们习惯了念上几个小时的稿子，但是这种稿子通常存在严重失衡的现象。比如领导做了三个小时的演讲，但实际上这些话中所提到的关键内容只有不到两分钟，那么为什么他不干脆抽出两三分钟的时间重点提这些问题呢？为什么不直接花上两三分钟的时间来作报告呢？

我曾经遇到过一些口才不错的业务员，他们善于寻找话题，而且一旦进入话题，就可能会一口气聊上好几个小时，但实际上多数听众都忍受不了这么多的信息，而且听众也会发现在这些长篇大论或者大篇幅的故事中，真正有营养的可能也就是几句话，那才是整个谈话和故事的关键，才是核心内容，其余的都是一些废话。

很多销售人员都会犯这样的错误，他们陷入了一种狂热的"修饰"状态，总是尽可能地想着要将一个故事说得更加饱满，对他们来说，不仅要懂得说出那些主要内容，还要增加一些辅助性的话来描述和充实整个故事。但实际上这毫无意义，因为对于消费者来说，他们只关心故事中最重要的内容，其他东西他们根本不感兴趣，也不想花费时间去理解。商家会告诉消费者：我们的产品原料来自俄罗斯，初加工是越南人做的；我们的产品在大海上差点因为翻船事故而遗失；我们的产品使用了最新的LOGO设计；我们的产品在过去几年一直都在变换风格……

这些东西似乎并不那么枯燥乏味，但消费者未必有耐心继续听下去，他们并不在乎谁生产了这些东西，或者这些东西在前一段时间遭遇了什么，他们只关心产品的性能怎么样，只关心产品的价值点在哪里。如果他们觉得自己有空的话，或许愿意和商家坐下来好好聊一聊一些产品其他的相关信息，但是多数时候，商家不能自作聪明地给自己的谈话增加一些不必要的修饰。

把握核心内容，然后尽可能去除那些不重要或者没有多少价值的内容，这就是确保故事得以简化的一个重要方式。我知道在欧美一些公司里，老板并不会经常坐在办公室里等着下属们汇报，通常情况下他们会利用好每一点时间。比如在上楼梯的两三分钟里，比如在去开会的路上，他们会交代下属立即做一个简单明了的汇报。扎克伯格是一个大忙人，有时候他会在上厕所的空隙，让自己的助理简单说一下一会儿将要去做的事情，或者听一听下属的工作报告。所以他经常这样对下属说：“好吧，从现在开始，给你两分半钟的时间说一说你的计划。”在这种紧迫的时间段里，其他人必须进一步精简自己的谈话，必须尽可能提出谈话的重点。

对于销售人员来说，他们同样需要掌握这种提炼核心内容的能力。事实上演讲的人会对自己所要说的内容进行整理，然后提炼出一个故事摘要。讲故事同样也是如此，不过对于一些销售人员来说，他们缺乏这种时间，毕竟他们并不知道自己在下一秒钟将会遇到什么样的顾客，所以在讲故事的时候，更多的还是要掌握一些出色的技巧，并运用这些技巧来组织语言，提炼核心内容。

——开始讲故事的时候，不要说太多的废话，在开口说话的前三句话之内，最好就要挑明重点，这样才能让消费者保持足够的专注度。

——如果重点内容比较复杂，那么就要及时进行分类和排序，说出最重要的那些事情，并确保故事的条理性。

——先说重点，其余的话能省就省，不能省的话也要放在最后说。

不过，把握故事的重点，并不意味着就要删除其余所有的话，毕竟任何一种行销故事都是一个交流的形式，而交流本身就需要一定的铺垫和套路，不可能两个人毫不相识一见面就挑重点内容来说。因此商家在销售产品的时候，一定要注意最基本的交流礼数，但是一旦进入故事层面，整个故事的容量还是要做好有效控制。

## 6. 故事的结构必须得到明确

麦肯锡国际管理咨询公司的咨询顾问芭芭拉·明托女士曾经写过一本重要的书——《金字塔原理》，在这本书中，芭芭拉提到了一个重要的词汇：结构。在她看来任何事物都应该有自己的结构，了解和理清了这个结构，事物才能变得更加清晰，人们对于事物的理解和把握才会变得更加顺畅。而一旦没有了解这些结构，或者没有理清这些结构，事物就会呈现出一种混乱的、复杂的状态，从而增加处理的难度。

行销故事也一样，很多商家急于将自己的产品推销出去，急于说出产品的优势，或者让故事变得更加生动有趣，就会不假思索地将故事说出来。却没有想过自己一些脱口而出且缺乏有效组织的语言，是否能够被消费者所理解，而消费者一旦不能理解，是否会觉得这是一个信息混乱的故事。

有个售货员这样讲述自己的故事：

“我们的产品非常不错，深受顾客的欢迎，上周末已经有三个客户送来了订单，客户都知道我们的产品具有价格优势，你可以看看同类的产品，它们的价格可比我们要贵5%左右。我们的产品还是纯手工制作的，制作精美，而且意义非凡。不瞒你说，那些客户过两天还会来谈更大的一笔生意，还有另外一些潜在的客户也有意向同我们合作，当然我们公司正在考虑推出新的产品，并且提高产品价格，昨天很多人都在排队咨询产品信息。最近我们公司准备拍摄一部纪录片，到时候会有更多的人喜欢上这些产品，这些都是一种文化的传承，那些客户也会因此而从中受益。下一批产品上市后，一定会受到更大的欢迎，你如果想买的话，应该趁早一些。”

这个行销故事给人的第一感觉就是乱，而乱的原因就是因为结构不明确，整个故事听起来不够顺畅，消费者可能会听得稀里糊涂的。那么如何对这个故事进行修改呢？如何才能让它更好地被人理解呢？关键就在要找准结构，并重新确立一个更为明确的结构。

首先，销售人员要明确自己想要表达什么，也就是说最重要的目的是什么。在这个故事中，最重要的目的就是让顾客掏钱购买产品，而且是尽快地掏钱购买产品，那么销售人员提出的理由是什么呢？

理由主要可以划分为三个：第一，产品比较便宜；第二，产品是手工制作，具有文化价值；第三，新产品推出后，价钱会上涨。其中客户订单越来越多，可以归为价格偏低那一类；第四，公司决定拍摄纪录片来宣传，这是手工制作的文化价值引起的。

所以这个销售员完全可以按照这种结构去讲述自己的故事：“如果喜欢的话，我希望你能够尽快购买我们的产品，第一个方面，我们的价格比同类产品偏低5%，上周末已经有三个客户送来订单，过两天他们还会再来，还有其他客户也准备前来谈生意；第二个方面，我们公司的产品都是手工制作，为此电视台准备来拍摄纪录片；第三个方面，新产品一旦上市，价格会提升，到时候就享受不到现在的优惠了。”

很显然，第二种说法更为清晰明确，让人一下子就知道销售员究竟要表达什么内容。虽然故事的内容都是一样的，但是由于表达方式的不同，就会产生截然不同的销售效果。同样是花三分钟讲故事，有的商家会讲出一个层次分明的故事，消费者通常一听完就知道故事所要表达的意思；而有的商家只是想到什么说什么，结构比较模糊和散乱，消费者不得不花费10分钟的时间来消化他们所说的故事。

事实上，信息的简化不仅仅只是一种形式上的压缩，不仅仅是内容上的删减，还要注重结构上的清晰明了，这样才能方便他人去理解。行销故事的简化同样要遵循这些原则，销售人员必须确保信息容量要小，同时确保所有的故事结构稳定、清晰，必须有一定的层次感，必须让人很快就能够明白整个故事的内容以及所要传达的意思。那么如何才能讲好一个这样的故事呢？

### ——任何一个故事都是独立的

在很多行销故事中，销售人员会说出两个甚至是三个小故事来丰富自己的观点，不过在讲述这些小故事的时候，他们可能会将这两个故事混合在一起来讲，不仅会变得啰唆，而且还会导致这些小故事都无法准确传达出原本的意思。比如上面的那个案例，“客户下订单”和“拍摄纪录片”是两个不同的小故事，不能随随便便就放在一起说，而应该独立在各自观点的范畴中，这样消费者就会明白为什么客户会下订单，为什么公司决定拍摄纪录片。

在一个故事中，框架很重要，为了确保故事拥有一个稳定的框架，故事就必须保持自己的独立性，就必须将所有的故事要素纳入到自己的范畴当中来，而不是借助其他故事的要素来组织自己的观点或者论据。

### ——结论先行

如何才能让整个故事更加吸引人呢？如何才能让消费者更好地理解故事的内容呢？最简单的方法就是直接说出自己的想法和目的，或者将故事所要传达的结论说出来。对于上面那个销售员来说，最好的方式就是直接告诉消费者“最好尽快购买产品”，这是一个结论，也是销售员讲故事的目的。一旦将结论说出来了，消费者也就有了一个明确的思路，他们会知道接下来销售人员该讲述一些小故事来说明和解释了。这样比一上来就直接说出产品的各种好处、各种故事要更加清晰，多数消费者不至于会对销售人员的话听得云里雾里。

结论先行是一个非常实用的讲故事的方法，尽管很多销售人员习惯了将悬念留到最后，来制造一点意外性，但是在某些时候，结论先行的确是一个确保故事得以简化的重要方法。

### ——故事不能跳跃

很多人对于讲故事存在一些误解，认为讲故事就是想到什么讲什么，但实际上任何一个好的故事都是有条理的，讲故事的人必须控制好故事的节奏与顺序，不能完全依靠自己的意识来说。像那些经常说着说着就会跳到其他内容或者经常跳到故事的前面、后面去的人，往往会让这个故事变得支离破碎，听众也无法了解故事的真实含义。

如果想要让行销故事变得简洁明了，那么就要在设置剧情、冲突的时候，确保整个故事是渐进式的，是按照某一个特定的程序在发展的，而不是动不动就出现一些跳跃的现象，就像意识流作家写书一样，一旦思维过于活跃，往往让消费者无法跟上销售人员的节奏。这样一来，双方之间就会存在交流障碍。

不过，在多数情况下，如果一个故事足够简练的话，它的结构性问题也会相应地减少，而那些内容多、所要传达的信息量比较大的故事往往更容易出现结构性的混乱，对此，销售人员一定要引起足够的重视，在尽量精简内容的时候，确保故事的整体框架和结构更为合理。

No story, no selling

# Chapter 6 给客户营造一种真实感

想要让故事变得更加真实会显得有些困难，销售人员必须尽可能地选择更多的方式来证明：这些故事就是真实存在的。

# 1. 讲述一个真实发生的故事

1919年春天，卢森堡王室的夏洛特公主正式继承王位，而且就在这个时候，她准备嫁给波旁家族的后裔费利克斯王子。在婚宴派对上，作为波旁王室远亲的芭莎公主遇到了年轻的帮厨莱昂，两个人一见如故，芭莎公主为莱昂送去了治疗裂伤的药物，而莱昂则为芭莎公主亲手制作了冰激凌，两人由此萌生了爱意。

但是不久之后，波旁王室为了稳固结盟关系，准备和比利时联姻，芭莎公主被选中，成为联姻的对象。芭莎公主非常痛苦，却又无法拒绝，只能躲在房间里不出门。莱昂非常担心她，也决定趁着晚宴的机会向她表白。当时他用热巧克力在芭莎公主食用的冰激凌上写下了几个英文字母“DOVE”，即“DO YOU LOVE ME”的英文缩写，莱昂希望公主能够看穿这些字母背后的含义。

但直到公主出嫁那天，他也没收到任何回复，于是心灰意冷地离开了王宫。几年之后，莱昂结婚生子，还开了一家糖果店。1946年的某一天，莱昂看到儿子追着一辆贩卖冰激凌的小推车满街跑，于是想起了自己当初对公主的承诺：要为她制作一款巧克力的冰激凌，于是着手进行研究。几个月之后，这款被巧克力包裹的冰激凌正式面世，莱昂特意在上面刻下了四个字母：“DOVE”（德芙）。

这款新型的冰激凌一经推出就受到了热捧，很多人都觉得这是世界上最甜最美味的冰激凌，但是谁又能知道，发明这个冰激凌的人，他的内心始终承受着最痛最苦的煎熬。

不久之后，芭莎公主从卢森堡寄来一封信，希望能见莱昂一面，因为芭莎公主曾经数度想要联系莱昂，却因为各种原因而受阻。而这封信因为“二战”的爆发，也晚了一年零三天。当莱昂在卢森堡见到虚弱的芭莎公主后，两个人才意识到彼此错过了一段真挚的感情，因为当年芭莎公主因为过分忧伤并没有理解冰激凌上不断融化的“DOVE”几个字母的意思。

了解真相之后的第三天，芭莎公主含痛离世，而莱昂也为当初那些融化掉的字母而感到遗憾，为了弥补遗憾，他决定制作固态的巧克力，从而让它保存得更久。一段时间之后，德芙巧克力正式诞生，莱昂特意在每一块巧克力上牢牢地刻上“DOVE’的字样，以此来承载和纪念他和芭莎之间这一段刻骨铭心的爱情。

以上的故事就是德芙巧克力的由来。事实上，在德芙巧克力发布的第一天起，德芙巧克力的员工就用这个故事吸引一批又一批的顾客。这并不是一个杜撰的故事，也不是一段虚拟的爱情，所有的故事都是真实的，德芙巧克力的诞生就是因为故事中所发生的一切。

现在我们知道，德芙巧克力越来越受到年轻人的欢迎，就是因为它所承载的那些故事都是真实存在的，而这种真实性让消费者对德芙产生了更大的兴趣，至少他们相信当自己送给别人德芙巧克力的时候，就是一种爱的表现。

这就是故事真实性带来的好处，它会让整个故事变得更加丰满，更加让人信服，也更容易让人产生联想。在很多时候，品牌商、销售人员不得不杜撰一个故事，或者想办法说一些模棱两可的故事，可是一旦消费者觉得这几件事不可能发生，或者根本没有发生过，那么所有的故事就会变得索然无味，他们不太容易对一堆不诚实的话动心，尤其是涉及买卖和交易。

这种真实性并不是一种简单的“我的客人们都认为怎么样”或者“这款产品受到了很多人的欢迎”，真实性并不仅仅在于这件事是不是讲故事的人亲身遇到的（虽然亲身经历带来了一定的说服力，但是亲身经历的事情也可能会被认为是杜撰的），更要紧的是在于它需要具体的证据来证明，讲故事的人必须能够说出一些更为具体的情节和内容来强化这种真实性，而消费者也需要获得更多切实有效的信息来判定故事是否值得信任。

我们可以看看以下两个不同的讲故事方法：

A：我们的机器非常棒，很多企业购买我们的机器后都发现自己的工作效率得到了提高，企业的劳动力得到了解放，劳动强度大大下降，这对保障员工的安全、工作状态都产生了很大的帮助。现在公司的好评度正与日俱增，订货量可是节节攀升。

B：这是×××公司给我们发来的一封感谢信，根据他们在信中的反映，在使用我们公司的新产品后，企业的生产效率提高了50%，而且信中说工人们在操作机器的时候非常方便，效率也很高，原先需要5个人完成的工作，现在一个人操作机器就可以完成，而且完成的时间还缩减了55%，重要的是，操作过程中更加安全，对员工的健康威胁程度更小。正因为如此，对方在信中提到要追加30部机器，并且等到规模扩大后再次购置更多的机器。

在这两个故事中，我们会发现B所说的故事更容易让人信服，因为那封信是真实的，因此他所说的故事真实性更强。在信中，×××公司以及所写的信件，这些都是实实在在存在的东西，或者说听起来有具体的所指，而不是模模糊糊的“客户”“企业”这种称呼。另外，在B的描述中，出现了具体的数字，这些数字能够更好地反映出效率的提升，以及产品的受欢迎程度，而不像A所描述的那样“效率得到提高，劳动力得到解放，出货率增加”。由于有了具体而明确的数字，客户反而能够依据这些事实来做出客观量化的分析和判断。

通过不同的表达，真实故事体现出了一定的销售优势，举证清晰，有具体的公司名字和信件，这样就有效提升了故事的有效性，接下来，客户就愿意对产品产生兴趣；另外，整个故事中提到了很多具体的数字，这些数字的作用就是一个明显的提示，它会告诉消费者产品的具体信息，也能够向消费者传递这样一个信息：我们的故事是有真凭实据的，它的一切信息都有据可查。这样不仅降低了消费者购买产品的顾虑，满足了客户的心理安全需求，也让消费者对产品有了更为直观的认识。

尽管很多人并不注重这些东西，他们可能会倾向于说一些模棱两可或者大概的情况，但对于消费者来说，越是具体的内容，越是一些细节问题，越能够体现出故事是否真实可信。他们习惯于通过一些实实在在的例子和数据来进行分析，而不是对商家所说的大致情况动心。

商家或者销售人员永远都要注意一点，在讲故事的时候，消费者在多数时候都是处于半信半疑的状态，他们通常会本能地认为这是销售人员促销的手段，会本能地觉得这不过是销售人员杜撰的一个小故事而已，因此想要让故事变得更加真实会显得有些困难，销售人员必须尽可能地选择更多的方式来证明：这些故事就是真实存在的。

## 2. 真诚的表态提升客户的信任度

希尔顿当初创立酒店的时候，很快积累了大笔资金，他觉得自己已经获得了成功。可是母亲却告诉他说必须把握一些比高档服务更有价值的东西，那就是对顾客更加真诚。在那之后，希尔顿要求酒店员工必须对每一个顾客都采取微笑服务，只要见到顾客，就必须保持微笑，因为只有这样才能让顾客感受到酒店服务的真诚。如果说希尔顿是一个出色的销售大师，那么酒店的微笑与真诚就是最大的卖点。

希尔顿的成功让更多的人开始重新思考自己的行销手段，是不是为客户提供最好的产品和服务，是不是为客户提供一个完美的故事，就可以顺利卖出自己的产品呢？商家在讲述一个好的行销故事时，究竟还缺乏什么，究竟还要做些什么？这些问题实际上指向了一个基本的话题：如何对待你的顾客？

顾客需要的是产品，是服务，是一些产品的价值和某些生活体验，但他们实际上并不能确保自己能够获得这些东西，也并不能确保自己可以获得应有的尊重。可以说，在多数时候，顾客都处于一种谨慎的、保守的防御状态，对于销售方提出来的种种建议和各种故事，都保持一种半信半疑的态度。当他们购买家电的时候，总是反反复复强调这些电器是否会轻易坏掉，坏掉了又如何处理；当他们购买水果的时候，会反复检查，询问售货员这些水果是否新鲜；当他们在菜市场买菜的时候，面对那些手脚麻利的商贩，总是疑心对方会不会在电子秤上动手脚。

这些质疑并非毫无道理，而质疑的出现实际上是顾客对产品安全感的缺乏，也是顾客对销售人员的一种防备。为了消除这种质疑，商家和销售人员绝对不能把销售活动仅仅当成一个赚钱的行为，不能仅仅依靠各种理由来说服对方，他们还应该表现出更好的工作态度，必须真诚地讲述自己的故事。

实际上，任何一个行销故事都具有一定的功利性（毕竟目的都是为了挣消费者的钱），而且故事都有一定的娱乐效果，但这些并不意味着销售人员可以以一种夸张的、掩饰性的姿态来面对顾客。故事虽然最终是为产品服务的，它的走向和节奏都是为了更好地卖出产品。但说故事的人是对顾客负责的，他们的一举一动都会影响顾客对产品的看法。

所以当商家或销售人员在讲故事的时候，必须以诚恳的态度来讲，必须讲出一个诚恳的故事，这样对拉近彼此之间的关系乃至获得对方的认同都至关重要，这种方式也是最有效的行销方式之一。

汤普森曾是美国花旗银行的职员，也是花旗银行里的营销高手，他卖出去的各种理财产品比其他任何一个员工都要多得多，他曾经在一个月内就卖出了700万美元的理财产品，这个业绩相当出色，这也让他成为各大银行争相邀请的香饽饽。很多人非常奇怪汤普森究竟是如何做到这些的，事实上，无论是美国，还是世界上的其他国家，民众普遍都对那些理财产品感到疑惑，美国的金融产品种类很多，很多人都喜欢投资，但是对于理财产品常常还是保持一定警戒。

就是银行内部的一些专业理财经理也常常为推销金融产品而苦恼，尽管他们随时随地都能够想出各种理财故事和妙招，但效果并没有那么好，所以他们迫切地想要知道汤普森成功的秘诀。不过对于汤普森来说，事情并没有那么复杂，他只是保持平时的那种工作和服务状态，而这些状态的一个关键点就是——真诚。

事实上，在推销理财产品的时候，汤普森所做的就是将所有收益较大的理财产品单独进行分类，这些分类中包括风险比较高的、中等风险的、风险很低的。汤普森会让客户自己进行选择，而不是像其他理财经理那样推销银行新推出的一些理财产品。除了让顾客自己做出选择之外，汤普森还会非常真诚地告诉他们哪些理财产品最好别买，哪些理财产品存在漏洞，哪些理财产品的投资回报率偏低，对于这些，他都会耐心进行分析，并且讲出相应的真实案例来进行劝说。

在整个推销工作中，汤普森更像是一个理财顾问，他根本不会要求顾客买哪种理财产品，而是列出各种产品的优劣，并且愿意提供最好的建议。显而易见，和银行里其他一些喜欢“忽悠”人的理财经理相比，汤普森更加真诚可靠，尤其是他讲述各种理财案例和故事的时候，别人能够明显感觉到他的真诚，感觉到他是真心在为顾客提供最好的建议，提供最好的服务。

从汤普森的工作作风和工作态度来看，他的成功几乎是必然的。就像我们在酒店、菜市场、建材市场、超市、品牌店中所见到的那些销售员一样，如果他们能够保持更真诚的态度，愿意同我们进行坦诚的交流，愿意同我们认真分析产品的每一个优劣，愿意谈论一个真实的故事，我们一定更容易被销售员的真诚态度所感染，也一定会对对方产生更多的信任。

对于一个优秀的销售员来说，他不能总是将自己当成一个挣钱机器，不能总是将消费者或者顾客当成一个能够为自己带来财富的人，过分看重经济利益会让销售人员表现出太多的功利性和伪装性。为了卖出自己的产品，他们可能会不择手段，会选择欺骗顾客，会选择掩饰自己的缺点，会选择用那些最有利于自己的方式来完成销售，而这些通常都会对顾客造成伤害，从而对产品的长远销售工作带来巨大的负面影响。

## 3. 以现实场景作为素材

一个真实的故事是如何展开的呢？一个故事的真实性应该通过什么来证明？亲身经历的故事是一个不错的形式，但除此之外，想要让故事变得更加真实，而且更具有现实感，那么还可以考虑将现实场景纳入到故事当中去。

2012年，美国迪士尼·皮克斯电影制作公司出品了一部卖座的动画电影——《勇敢传说》。在这部电影中，皮克斯动画工作室设计了一个很经典的剧情，影片讲述了发生在中世纪苏格兰的一个故事：美丽的主人公梅莉达为了追求真爱，选择了挣脱家族的束缚，最终亲手改变了自己的命运。影片播出后，好评如潮，而且不久之后就获得了第85届奥斯卡金像奖最佳动画长片奖，以及第70届金球奖最佳动画长片奖，成为当年最风光的电影。

从剧情来看，其实也比较老套，人物角色非常鲜明，观众基本上都能够猜到电影最终会如何发展。那么为什么这种缺乏太多新意的电影会获得观众和评委的一致认可呢？有人做了分析，发现原因很可能在于真实感。皮克斯公司向来会制作一些梦幻般的动画片，但《勇敢传说》却更加贴近真实的生活，无论是人物的设定，还是年代的考量，剧情的发展，几乎都能够找出类似的故事原型。还有一个重要的元素是，导演在打造故事的时候就是以现实场景作为素材的，梅莉达所处的城堡其实就是苏格兰艾琳多南堡，很多人在观看影片的时候，就发现了这一点，而这几乎成为整部电影的一个重要点缀。由于城堡的真实性，很多观众会设想：这些故事是不是真的存在？是不是真的有这样一个人勇敢地去追寻自己的爱？这些现实场景在故事中多次出现，让整个电影变得更加真实，也给观众带来了更强烈的感触，所以他们纷纷掏钱买票，而最终让这部电影获得了很不错的票房成绩。

将现实场景作为故事的一个组成部分，这是电影营销的一个高明手段，而且事实也证明了观众对这种故事会更感兴趣。事实上，在一些日常的销售活动中，商家和销售人员同样可以将一些现实场景作为故事的素材或者某一个元素来使用，顾客在听到这些故事的时候，会忍不住去想象那些真实场景，最终会因为现实场景带来的真实感触而模糊故事与现实的界限，他们会不由自主地认为商家的故事是真实存在的。

在过去很长一段时间，销售人员重视的是讲故事，却忘了搭建一个更为合适的场景，就像舞台表演一样，他们想到了演员，想到了服装和台词，想到了剧情，却忘了舞台设计和搭建，在观众们看来这并不像是演戏，至少这样的表演常常无法让人真正感受到氛围。好的故事需要搭配好的舞台和布景，需要一个更好的场景，而为了确保故事的真实性，为了能够引起观众的兴趣，这个场景最好是真实的，是现实中真的存在的。比如在讲解一些历史人物的时候，如果仅仅讲述历史人物的英雄事迹或者一些故事，说他们做了什么事，或者因为什么事而怎么样了，那么通常会让人觉得这些故事有太多杜撰的成分，但是如果讲故事的人明确告诉对方“那个人就是在这个屋子里寒窗苦读”“那个人就是在××地方打败了自己的对手”，那么可信度就会变得更高，故事的性质会由口耳相传的传说变成历史典故。

在销售过程中，同样存在类似的情况，销售人员如果仅仅讲述某件事情，仅仅讲述某个创业者或者客户的经历，还不足以吸引消费者的关注。消费者通常会想，“这些客户是谁”“他们在哪里经历这些事情的”“整个故事的背景和环境是什么”，这些想法通常会让销售人员的故事变得越来越经不起推敲。

比如，店员会告诉顾客：“我们的产品如今正在成为一款引领时尚的产品，前一段时间，×××（明星）还购买过我们的产品。”这样的故事听起来非常不错，也很吸引人，但是没有嚼劲，在顾客看来，这个明星真的来过店里吗？是否跑到其他店里购买的产品，或者说他根本就是购买了其他品牌的产品，只不过两款产品看起来有点相似罢了。又或者说，这一切都是店员自编自导的故事，反正没有人亲眼见到过这个明星是否真的来过店里。

这些疑惑已经摧毁了故事的说服力，因此销售人员必须想办法让整个故事变得更加真实可信，他们必须想办法给顾客更多真实的参照物。这时候，他们可以换一种说法：“我们的产品是最近最流行的产品，就在上周，我们的店里迎来了一位特殊的顾客，他就是如今风头正劲的×××（明星），你知道吗，他一眼就看中了这款新产品，然后带走了两套，说是下次还会介绍新的朋友过来。”很明显，这种说法要比第一种说法更容易引起顾客的关注，而主要的原因就是因为现实场景的融入。

在两个不同版本的故事中，故事中的人物、产品、时间、情节其实都是基本一致的，唯一不同的地方就是，第二个故事中，销售人员明确了一个最重要也最容易被人忽略的要素：场景。在第一个故事中，故事场景实际上是不明确的，没人知道这个场景是否真的存在，或者说只是一个模糊的概念（这家店或者另一家店，或者只是一个象征性的设定），因此，顾客产生了怀疑。而第二个故事却明确说明了整个故事就发生在自家的店里，就发生在顾客目前所在的地方，而这种真实感会让顾客觉得这个明星应该真的来过这里。

一些矿泉水的生产商和销售商在销售过程中声称自己的水来自×××地方，或者来自×××山、×××湖，所以他们也乐于将这个地名用在行销故事中，这种行销效果显然要比直接告诉消费者“我们的水来自某一个无污染的地方”更好。因为具体的地名就是一个现实场景，而这个场景既然是大家都认识或者熟知的，就没有人会轻易怀疑这些水是否真的来自那儿，对消费者来说，那些故事的真实性一下子就被拔高了。

现实场景的存在给了消费者一种身临其境的感觉，消费者会受到鼓励，并且努力参与到这个故事当中，成为共享场景中的一部分。在这个时候，“你的世界”和“我的世界”之间的界限已经被打破了，销售人员故事中的世界和消费者听到故事后所想象的世界是一致的。换句话说，由于有了一个共同的、共享的真实场景，消费者更容易进入并理解销售人员构建的故事。

利用现实场景来组织整个故事实际上就是制造真实感、制造身临其境感觉的一个基本公式，它的存在完善了故事的真实体验，带动了整个故事体系的发展。因此对于商家或者销售人员来说，他们必须懂得利用现实场景来创造一个丰富的世界，将整个故事变成消费者世界的一部分。

## 4. 给消费者最真实的感触

通常情况下，消费者缺乏的是时间、注意力以及信任，比如他们不可能花费大量时间在某一件事上，也不可能对某个产品立即产生太多的兴趣，更不会立即决定自己是否应该购买某件商品。这些因素往往影响了销售者在短时间内成功卖出自己的产品，他们必须想办法让自己的行销故事变得更加具有针对性，更能够激发消费者的购买情绪和欲望。

有一个盲人在街头行乞，并且专门让人在胸前的牌子上写了“我是瞎子”几个字，不过熙熙攘攘的大街上却很少有人同情他，更没有多少人会想着给他一点钱。有个广告人经过之后，非常同情盲人的遭遇，于是帮助他改写了牌子上的字：“现在是春天，而我是瞎子。”结果陆陆续续就有人给盲人捐钱。

虽然同样是顶着盲人的身份，但是第一块牌子上的字看起来让人觉得半信半疑，其他人很难完全领会到一个瞎子的生活与困境，他们无法想象到一个人失去了视力会怎样，会有怎样一番体验。所以很可能视若无睹，或者会这样想：“至少他还能站在街上乞讨。”但是在改写那些字之后，情况变得截然不同，由于搭上了“春天”这个要素，其他人很快就会意识到自己平时可以看到花花草草，可以领略到春天的美景，而盲人是永远也不可能看到这一切的。换句话说，通过春天这个特殊的情境，可以让其他人产生更多的联想，之后他们可能就会对盲人抱以极大的同情。

在这里，广告人就是把握住了别人对于“真实感触”的需求，所以才能够帮助盲人赢得更多的信任和支持。这种法则在很多销售场合中同样非常适用，因为消费者永远都掌握着选择权和主动权，而且他们在面对诸多选择的时候，往往不会轻易对某个产品产生太多的感情。

奥斯本先生是美国一家连锁超市的负责人，他曾经说过：“想要让客户购买自己的产品，仅仅依靠外在的产品描述是不够的，你可以告诉消费者‘你们真的需要这个东西，它能改变你们的生活方式’，但是对于消费者来说，这些话根本不能让他们感受到什么有价值的东西。”

按照奥斯本先生的说法，顾客对产品的印象并不仅仅来源于一些基本形状、性能的介绍，还在于一些真实的感触，这种感触往往通过一些故事场景的布置，以及一些环境氛围的营造，消费者会在这些因素的诱导下刺激到自己的感知系统。

在销售过程中，商家或者销售人员同样面对这样的问题，他们往往会按照自己的思路将产品的外部特征以及隐藏的价值表现出来，但是消费者未必能够将这些外部的特征、价值完全理解和接收。他们很可能不会因为这些故事中透露出的信息而对产品产生兴趣，或者对整个故事产生比较强烈的感情，毕竟这些故事还不能带来一些真实的感触，或者说这些故事还没有办法真正深入人心。

我们在前一章节提到了现实场景的问题，其实这也是一个提升真实感触的办法，销售人员如果能够将自己的故事构建在一个真实的场景之上，那么整个故事将会变得更加真实可信，因为消费者可以通过进入真实场景来感知故事的发生、发展和结束。

第二种方法就是，通过一些关键词或者关键的物品来引导消费者产生积极的联想，这种联想会让消费者对于产品和故事的真实性有更为强烈的情感认同。就像那个盲人的牌子上写上了"春天"一样，路人会纷纷产生联想，并将这些联想和视力联系起来，这样就会对盲人的生活感同身受。事实上，多数人对于世界或者某一事物的认知都是从自己的处境来感知的，视力正常的人是永远无法领略黑暗的世界是怎样凄惨，也无法明白盲人的痛苦究竟有多深。同样，当销售人员在行销故事中宣称自己的产品有什么价值时，消费者未必能够感知到这一点，或者感触并不像销售人员那么深。又或者说，当销售人员认为自己的故事充满感情且可以打动消费者时，消费者可能对这些情感因素无动于衷，他们还需要寻找到一个关键点来激发这些情感，而不仅仅只是听上几句话。

比如很多商家会这样描述洗衣机出色的洗涤功能："我们的机子很不错，可以将任何污浊的衣服清理干净，上个月我们安排一大堆客户进行现场测试，结果洗涤效果非常好。"消费者对于这个故事会产生一定的兴趣，但是这种兴趣并不那么强烈，也不会太持久，对他们来说，自己对脏衣服的概念没那么深，所以不清楚这些洗衣机是否真的那么好用。

有个销售人员这样来组织自己的故事语言："我们有一个用户，他常年都搞汽车维修，衣服上总是有很多污渍，虽然用手也能洗干净，但是太费力了。他的母亲每天都要拿衣服在河里面清洗好几遍。最近入冬了，天气比较冷，他看到母亲手上都生了冻疮，有些于心不忍，于是就来店里买了一台洗衣机，而他本人在使用过后，对产品非常满意。"

在这个故事中，销售人员并没有泛泛而谈，而是选择了几个能够刺激消费者产生更多现实感触的因子：母亲和冬天。众所周知，很多人平时并不会刻意去想洗衣服有多么痛苦，也并没有意识到脏衣服是如何被一件件清洗干净的，但是只要提起母亲，大家自然而然地就会将母亲这个角色和洗涤联系起来，因为我们从小时候开始，对于洗衣服的印象多半停留在母亲身上，母亲所展示出来的就是一个受苦受累的形象。如果再加上“冬天”这样的因素，就可以很快激发出多数消费者的联想，他们会想到自己的母亲，想到自己的妻子，想到每天都在冷水里洗衣服的那些女性，这个时候就对洗衣服产生更多的感想，而洗衣机自然也会成为他们精神需求和生活需求的一部分。

正是因为如此，一个好故事必须拥有自己的特性，而且还需要能够进一步凸显出这些特性的刺激因子，这样就不仅可以通过故事的剧情来打动消费者，引起消费者的注意，同时还可以利用一些关键的词语和意象来激发消费者的联想能力以及情感表现。有人曾经对行销故事做过一个恰当的比喻：“在销售过程中讲故事就像是做一道美味的菜，需要好的原料和厨师，但是想要让故事的味道更加浓郁，有时候则需要加入一些调料来刺激味蕾。”对于行销故事来说，这些调料其实就能够给予消费者最真实的感触。

## 5. 让客户成为故事中的一部分

北京百年烤鸭店“全聚德”在这一方面做得非常出色，每一次客人用餐结束之后，店家会主动送出一个内有一串数字的信封，这些数字究竟代表了什么呢？走出餐厅之后，客人才意识到这些数字的含义，原来这些数字和门口电子看板上显示出来的数字一模一样，它们告诉了每一个顾客，他们所吃的是全聚德开张以来的第几只烤鸭。

在过去，顾客只在乎自己吃到了什么，从未想过自己所吃的东西具有什么意义，而全聚德却以这种另类的方式，让每一个顾客参与到这个百年老品牌的历史当中来，并且让他们成为这段百年历史的延续者和推动者。现在他们成为这个品牌历史的见证人和创造者，而并非只是一个付了钱前来消费的过客。

星巴克也曾采取类似的方法让每一位顾客参与到故事行销当中来，2014年9月份的某一天，当顾客们像往常一样进入星巴克购买咖啡的时候，却被告知自己的咖啡已经被前面一位顾客付款了。服务员还特别强调了一点：前面的那些顾客同样被他们之前的人付款了。正因为如此，每一位顾客都心甘情愿地为自己后面的人付款，而这种接力赛一直持续了十几个小时。

大家把类似这种传递形式的活动称作“Pay It Forward”，意思是让爱传出去。原本的消费行为一下子变成了趣味十足的爱心活动，这让星巴克免费打了一次广告。在第一个顾客准备为下一个人付款时，服务员就把握住了这个噱头，然后专门制作了一个统计表，计算接力顾客的数量。当顾客意识到自己成为爱心接力故事中的一部分后，都表达出了强烈的意愿，而那一天的星巴克咖啡销售量也直线上升。

无论是北京烤鸭还是星巴克，实际上都在行销过程中做了一个很好的示范，那就是在讲述和传递整个行销故事的时候，不再将消费者和顾客当成局外人，当成一个单纯的受众对象，而是主动将对方纳入到整个故事体系当中来，这样一来，消费者不仅能够更好地了解这个行销故事到底说了些什么，而且也成为故事的参与者和推动者，他们会发现自己正跟着故事的剧情往前走。

这种讲故事的做法，或者说这种处理故事的做法，实际上改变了过去那种卖方和买方相对独立的状态，它让卖家和买家在某些方面找到了一种情感联结的新方式，在购买之前，买家不再处于完全的被动状态，他们有机会去了解产品、体验产品，并且获得更多的尊重，这样就能够确保他们享受到最好的服务。而对于卖方来说，在卖出产品之前，他们同样不用过度看消费者的脸色来进行分析，让消费者加入故事中来，实际上帮助自己的产品获得了更好的推广，也在彼此之间建立起了更多的信任。

有个漫画家为了推销自己的漫画，于是在微博上上演了“我只过1%的生活”的故事秀，当时她留下了一段文字：“对不起，我只过1%的生活”，并且展示了一幅简单的漫画，漫画中配上了一行文字“你成为漫画家的概率只有1%”。

第二天，这篇微博已经拥有超过6000万的阅读量，有超过30万的用户下载了她创业开发的“快看漫画”应用。从艺术角度来看，这个漫画家的漫画创作水平并不算太高，但她胜在讲了一个好故事，一个有关生活、理想和坚持的故事，而这个故事可能是每一个人都会经历的。无论你是漫画家、作家、商业骄子、销售员、工程师、老师，还是创业者、工人、农民，每个人都有自己的目标和理想，这个漫画家的高明之处就在于她并没有简单而粗暴地销售自己的漫画，而在于让所有人参与到这一场故事秀当中——“我只过1%的生活，那么你们呢？你们是否也愿意这样坚持理想？”

对于受众群体来说，他们见到和听到这个故事后的第一反应很可能也是“我该如何过自己的生活”，而这种诱因会促使他们在漫画家的作品中寻求一些思路和启发。

事实上，北京烤鸭和星巴克的行销故事侧重的是一种真实的体验，在参与故事的同时，消费者实际上也在享受消费的过程，也在体验消费的快感，可以说消费者的消费行为和故事几乎是同步进行的。而这个漫画家所做的一切实际上更多地体现在一种情感诱导，她的故事所展示的是一种生活态度，而这个态度引起了情感上的共鸣，所以大家纷纷加入到她所提倡的那种生活当中来，纷纷进入她所构建的主题故事中去体验，而这恰恰进一步丰富了漫画家所构建的那个故事。

可以说，这是两种不同的行销方式，但本质上都让看故事、听故事的人进入了故事，并且在故事中寻找到了自己的定位，扮演了一个属于自己的角色。从结果来说，它们最终都把握住了顾客的需求，都成功吸引了顾客的关注，也成功地将故事转化为品牌形象和实实在在的销售额。

从销售的本质和目的来看，商家或者销售人员最终想要做的都是将产品卖给消费者，所以在整个销售过程中，实际上有三个最基本的要素：第一个是销售方，也就是商家或者为商家服务的销售人员，他们是讲故事的人，也是出售产品的人；第二个就是产品，它是维系销售方与消费者之间的纽带，所有的买卖关系都是通过它来实现的，而它也是故事中必须体现出来的重点；第三个是产品销售的对象，销售对象指的就是顾客或消费者，或者也可以说是客户。很显然，这三点缺一不可，而客户本身就是销售中的一个重要环节，既然整个故事是为了销售产品而存在的，那么客户也可以巧妙地成为故事当中的一个组成部分，并推进故事的发展，而这对于销售方来说，他们所要做的就是让客户慢慢走进自己的故事，而这也许是卖出产品的一个绝佳方式。

## 6. 善于刺激消费者的感官系统

北京大学的H教授同我探讨商业话题的时候，提到了一个非常新颖的词“感官营销”，他认为感官营销是故事行销中一个重要的组成部分，或者说二者可以完美融合在一起。很显然，故事的真实性并不是消费者或客户可以完完全全判断出来的，为了验证故事的可靠性与真实性，消费者会自觉不自觉地动用思维进行思考，或者直接运用自己的感官去感知，比如对对方所说内容进行验证，对对方讲故事的场景进行分析，对相关的背景和环境进行分析，这些都可以帮助他们确保自己不会在故事中感到无所适从。

因此，对于销售人员来说，他们所要做的就是刺激顾客的感官，或者创造一种更好的环境，好让顾客有机会通过感官系统来感知产品以及氛围，最终强化故事的说服力。这就是感官营销的一个动机，那么什么是感官营销呢？

所谓感官营销是指企业经营者在市场营销中，利用人体感官的视觉、听觉、触觉、味觉与嗅觉，开展以色悦人、以声动人、以味诱人、以情感人的体验式情景销售，其诉求目标是创造知觉体验的感觉，让消费者参与其中并有效调动消费者的购买欲望的一种营销模式。

现代生理学、心理学的研究证明，在人们接收到的外界信息中，83%的信息是被眼睛捕获的，11%要借助听觉，3.5%依赖触觉，其余的则源于味觉和嗅觉。那么商家如何去了解和刺激消费者的感官呢？他们所能做的究竟有多少？或者说他们在具体的销售活动中，是否正确地实施了自己的感官营销计划？

很显然刺激感官的关键在于，商家必须了解那些感官的特性，视觉、听觉、嗅觉、触觉、味觉，这些感觉通常带有一点反射性机制，一切都是自然而然体验到的，所以销售环境的氛围和基本的设置很重要，这些环境和背景的设置才是凸显出故事能量的辅助因子。

比如浪漫的法国人在销售的时候毫不含糊——“即使是水果蔬菜，也要像一幅静物写生画那样艺术地排列，因为商品的美感能撩起顾客的购买欲望。”高卢雄鸡的销售头脑和技巧具备了一定的浪漫色彩，而这就是借鉴了视觉效应，而这种视觉效果往往更能够触动消费者的情感。比如节假日里商店的喜庆摆设就代表了愉悦，古董店里的古朴装饰透露着浓浓的历史气息，当这些视觉效果与故事完美结合起来之后，销售的效果会更好。

在营造氛围方面，听觉刺激同样非常重要。在书店工作的人总是习惯播放一些舒缓的、轻松的音乐，这样一来，美妙的音乐就可以成为很好的销售背景，只要售货员讲一些有关书籍的轻松故事，就可以借助良好的氛围来打动购书的人。麦当劳里播放的欢快的音乐可以引导那些追求个性的年轻人前来就餐；服装店里轻快的音乐，往往会提升销售人员的故事煽动性，从而有效促进消费者购买；咖啡店里低沉舒缓的音乐正好迎合了消费者聊天、享受生活的冲动。

事实上有人对音乐与销售的关系进行了梳理和总结，比如一些品牌比较高端的产品，在销售的过程中不适合播放一些通俗的、流行的歌曲，适合播放钢琴曲，从而显得大气优雅，它可以很好地和产品、故事配合起来；而像一些轻音乐则能够为各种销售故事增加缤纷的色彩，让故事变得更加吸引人。

触觉在销售中的作用也不可忽视，这种触觉并不是单纯了解产品的基本外形和性能，有时候同样会带来一些情感上的满足。最明显的就是可口可乐的销售，可口可乐最初在美国军队中开始销售的时候，销售员并没有针对可乐的配方大做文章，而是讲述了可乐瓶子形状的相关故事："我们生产的瓶子就是从女性曼妙的身姿中获得的灵感，我们的设计师从他的情人身上获得了设计的想法……"

当然，销售员撒了一个弥天大谎，事实的真相并非如此，其实早在1915年，可口可乐公司就对全美的玻璃装瓶厂进行招标，声称要制造一个"要和市场上其他饮料瓶相区分，在黑暗中仅凭触觉即能辨认，甚至摔碎在地也能一眼识别的瓶子"。最后印第安纳州一家叫作Root Glass Company的公司顺利中标，这家公司的设计师所设计的产品和女性身体根本没有一丁点的关系，让人大跌眼镜的是，这种近似于女性身姿的瓶子形象，其灵感是从《大英百科全书》里的可可豆荚上获得的。

真相就是豆荚，一种几乎毫无新意的植物，可是为什么多数消费者愿意相信销售员的话呢？他们都认为这个瓶子就是女性的身体演化而来的，并且这个故事一传就是一百多年，这很让人费解。不得不承认销售员讲了一个不错的故事，但有一点同样不可否认，最初的销售员不仅编了一个好听的故事，还做了另外一件重要的事情，那就是引导消费者去触摸那些瓶子，光滑的有曲线的瓶子让很多购买者浮想联翩，他们很容易将这种触觉和故事联系起来。通过曲线优美的瓶子，人们通过接触和把握而感觉到强烈的快感，更不必说那些关在军营里的大兵哥了，事实上成人都能够充分地理解到这一点，从而在情感上得到格外的满足。

在嗅觉和味觉上，商家同样懂得做足文章，他们懂得利用这些感官来辅助故事进行销售，从而提升产品或服务的关注度。比如新加坡航空公司在招揽乘客的时候，为了给乘客更好的体验，会提到有关香味的故事，以此来吸引乘客的注意力。而为了强化故事的影响力，公司在销售的过程中，刻意要求空姐身上喷上特制的香水，此外，公司还会特别调制出香水喷洒在热毛巾上，这些香味几乎成为新加坡航空公司的专利香味，并且很好地配合了那些故事，这样一来就让乘客产生了特殊的情感。

这就是感官营销的作用，它让整个故事有了更多的依托，听故事的人不再单纯地对故事的内容和情感感兴趣，重要的是他们往往能够更加真切地感受到故事内容中带来的真实体验，所以从内心的体验来说，他们的想法一定是："说得一点没错。"

奔驰汽车公司国外市场开发的负责人菲尔顿先生说："尽管我们从不否认顾客有购买的欲求，他们甚至在进店之前已经打定主意要买下一件东西了，可是一旦进店之后一切将变得与众不同，他们对于产品的挑剔程度让人感到困扰，他们明明需要这件东西，但却习惯了以挑剔的眼光来选择。他们拥有自己的感知能力和判断能力，而这通常并不那么讨人喜欢。"事实就是如此，他们更愿意相信那些自己亲眼看见、亲耳听到或者亲手触摸到的东西，一个好故事当然有其强大的销售功能，但在某些时候，感官营销是提升故事行销的重要帮手。

## 7. 多强调那些细节

如果你觉得自己的故事不够吸引人，觉得自己的故事缺乏真实性，那么最好的方法就是尽可能让这个故事变得更加详细。很多人觉得那些善于讲故事的人总是能够绘声绘色地讲述一个让人舒服的好故事，而所谓的绘声绘色不仅仅体现在情感表达、肢体展示、语气等方面，还在于一些细节上的描述。在这一方面幼儿园的老师算得上是个中翘楚，为什么孩子们通常都喜欢听老师讲故事，而不愿意回家听爸爸讲故事，就是因为爸爸的故事讲得比较粗糙，他们往往只是讲述一个故事梗概，却不会说出一些更加具体的东西，而对于听故事的人来说，这一点至关重要。

尽可能地将一些重要细节讲述出来，是一个好故事得以完整展示的关键，因为这些细节会让听故事的人产生一个感觉：这个故事说得那么详细，连最细小的细节也说得那么清晰，那么讲故事的人要么就是亲身经历了这些事，要么就是对整个故事了如指掌，而这种了如指掌往往也是因为它是真实存在的。

更加具体的描述往往会让他人产生更多的信任，这是一个讲故事的技巧，也是一个行销技巧。在销售过程中，为了充分展示故事的说服力，为了让整个故事听起来更加真实，商家或者销售人员不能仅仅讲述一个大概的故事，而应该将一些细节纳入到整个故事当中来，用这些细节来组装和完善整个故事的情节，并且成为提升故事真实性的一个重要保障。

我们可以看一看售货员通常是如何招揽顾客的，比如有些店员会这样说："前天有位先生也购买了这款产品，使用之后非常喜欢。"

这段故事听起来还不错，利用其他客户做故事的素材，这是很多商家都会选择的一种方式，它比单纯地宣传和夸赞自己的产品更加客观，至少这是通过第三方来证明产品的价值的。不过如果更挑剔地来说，这样的故事还欠缺更多的说服力，我们完全可以将这个故事进行进一步的转化：

"前些天，有位湖北的张先生特地赶来店里挑选了这款产品，他今天早上打来电话说还想让我们邮寄三套。

"就在三天前，有位湖北的张先生突然急急忙忙地赶到店里，然后询问了这款产品，原来他的妻子特意嘱咐正在附近出差的他购买这款产品。然后今天一大早，他再次打来了电话，希望我们能够再邮寄三套产品，而且一再要求必须是一模一样的产品。"

通过对比，你觉得消费者大概会对哪一个故事更有兴趣呢？答案是肯定的，后面两个故事往往更能够说服消费者，尤其是第三个故事，所展示出来的效率很可能是最高的。那么为什么会出现这样的情况呢，原因就在于真实感，可以说第三个故事在真实性方面一定会超过前两个故事，或者说消费者更愿意相信第三个故事中所说的内容，而对前两个故事，尤其是第一个故事持怀疑态度。

如果对故事的内容进行分析，就会发现决定三个故事真实性的一个关键因素就是细节，正是因为对细节的重视程度不同，也正是因为对细节的把握不同，才导致了消费者对于产品和故事的信任程度不同，也才导致了同样内容的故事会产生不同的销售效果。

在第一个故事中，商家虽然也讲述了一个客观的例子，用一个客户来做见证，证明自己的产品非常好用。但是这个客户的存在只是一个概念，它没有具体的名字，也没有具体的故事发展情节，因此整个故事的真实性有待验证，至少消费者会觉得这或许只是商家临时想出来的一个理由，而支持这个理由的相关细节根本不存在。

在第二个故事中，商家不仅讲述了一个客户，还重点提到了这个客户的姓氏和所在地，以及他急切想要购买产品的心情，这样一来，人物的设定以及数字的提示都比较直白。到了第三个故事中，人物姓氏、所在地、情绪、动机都表现出来，而且其他很多细节都比较详细，这些细节很好地推动了故事的发展，也展示了故事的全貌，让消费者觉得这一切一定是真实发生的事情，否则商家或者销售人员不可能会记得那么清楚。

通常情况下，时间、地点、人物都是细节描述的关键要素，时间说得越详细，地点说得越明确，人物的形象、称呼、情感、行为交代得越详细，那么整个故事的真实性就越高。实际上很多商家和销售人员往往只注重故事的精彩度和情感，却忽略了对细节的把握，而细节往往是决定真实性的关键因素，也是消费者最容易关注的焦点。一旦他们觉得细节描述不够清晰或者出现了漏洞，那么整个故事就可能会被彻底质疑。所以商家在讲述故事的时候，一定要注意掌握细节的描述技巧，一定要注重对细节的完善和构思，这样一来，即便故事不够精彩，也同样显得真实。

比如卖灯具的店员会这样告诉消费者：“不要买那些便宜的灯具，因为它们的灯光很差，那些频闪会严重伤害我们的眼睛，有很多人曾经就是因为经常在质量很差的灯光下看书和工作，才导致视力严重受损。”这个故事缺乏细节，因此，消费者并不一定会听进去，更不会相信店员推荐的产品就是高级护眼灯。

店员如果足够聪明，那么就会运用细节化的语言和故事来说服消费者："现在的很多灯具都是不合格的，你可以想想看，自己平时在那些一闪一闪的灯光下看书是不是经常会觉得眼睛胀痛，而且时间久了有烧灼感。我见过楼下的那个孩子，为人乖巧，学习很勤奋，他每天晚上都自觉学习，但每次看书只要超过十分钟，就会拼命用手揉眼睛，两只眼睛揉得通红，他还忍不住拿起书本遮住灯光。这些就是灯光频闪带来的伤害，所以后来我建议孩子的父母换一个更好的灯，结果孩子的症状逐步得到缓解，并且很少再像过去一样揉眼睛了。"

在这个故事中，很多内容都在一些细节上做了详细的描述，虽然整个故事的例子有些落入俗套，但是却详细描述了"样板客户"的一些细节表现，比如孩子的身份、居住位置、形象、性格、学习状态、动作，这些都是细节化的描述，消费者听起来一定会觉得这个孩子的案例是真的，会觉得店员肯定真的认识这个孩子，而且亲眼见到了孩子受到伤害的样子，而购买一个好的灯具也真的很有必要。

产品信息的真实性和故事的真实性往往能够通过细节描述得到大幅度的提升，因此销售人员在平时的行销过程中，一定不要轻易忽略那些细节，虽然整个故事在追求信息的简化，在强调那些重点内容，但是信息简化并不意味着要牺牲那些故事细节，两者之间并不冲突和矛盾，而一个细节丰富的故事才称得上是能够打动人的好故事。

# 8. 持续地讲同一个故事

如果我们是销售人员，而且自认为讲了一个好故事，那么是否就意味着一定能够说服消费者，一定能够让消费者相信这一切都是真的呢？或者说，当消费者对我们所讲述的故事、对我们在故事中所描述的东西感到困惑和疑虑时，我们还应该怎样将自己的故事推出去？

一个好的故事中，人物设计、情节设计、产品的无形展示、情感的释放、细节的处理都是非常重要的元素，但除此之外，我们还需要把握一些讲故事的技巧，这种技巧就是持续讲下去。

对苹果公司的行销故事进行分析，就会发现它的行销故事从来就不是讨论科技问题，而是从设计、品位、时尚等方面入手，讲的是通过简单、优雅、有用的设计来提高人们的生活品质，来提高人们对于电子科技产品的体验。当然在苹果之前，索尼·爱立信公司就已经在推出音乐手机时，做了同样的事情，在行销中也讲了同样的故事，但它最终失败了，因为消费者并不相信索爱公司的故事，他们觉得索爱公司有关享受音乐以及音乐手机的承诺并不可靠。而后来的仿效者苹果公司却出人意料地大获成功，消费者并没有像怀疑索爱一样来排斥它，而苹果的行销故事甚至成为一个经典案例。

那么为什么索爱公司被消费者所抛弃，而苹果公司却收获了信任呢？事实上苹果公司在最初说出这个行销故事的时候，同样遭到了业内人士的嘲笑，消费者也不觉得苹果公司的理念就是这样，并不相信苹果公司的产品真的会像宣传的那样。可是无论是乔布斯在新产品发布会上反复强调的那些故事，还是销售员在出售苹果手机时说的故事，都在强调公司的发展理念，都在强调苹果手机对生活的影响。而经过一而再再而三反复宣传和强调，苹果手机以及苹果公司的理念最终被消费者所信任，当苹果手机更新换代到iPhone4时已经成为世界上最畅销的手机，而消费者也越来越相信苹果手机的确正一点点改变世界和生活。

很显然，苹果公司的行销故事和索爱公司并没有什么本质上的区别，唯一的不同点就在于苹果公司采取了持之以恒的态度，持续地讲述同样的故事，直到消费者信以为真，而索爱公司在面对质疑的时候却很快销声匿迹。

心理学家认为说服别人或者让自己的谈话变得更加真实，可以采取反复强调的方法，一件事情说第一遍的时候，会被人怀疑；说第二遍的时候，同样让人觉得真实性不高；可是一旦说了第三遍、第四遍，甚至是十几遍，那么所有的事情就会变得更加真实。哪怕是谎言也是一样，当一个谎言被强调好几遍后，谎言也就成为人们眼中的真相。苹果公司采取的就是这种方式，它并没有对自己的故事进行解释，也没有想过用强迫性的语言来逼迫消费者相信自己，而是通过反反复复地说故事来麻痹消费者的判断力，最终赢得了消费者的认可。

事实上，在销售过程中，商家通常都会想办法让消费者相信自己的产品和故事，但他们毕竟还不是消费者本人，还无法完全迎合消费者的想法，也无法左右消费者自己的一些选择，因此所说的故事并不能确保完完全全赢得消费者的信任。这种情况下，整个故事就不能仅仅依靠一大堆的道理或者充足的感情来构建了，商家还需要发动自己的攻势，反反复复地在消费者面前强调这个故事，持续地将这个故事讲下去。

比如有个卖海鲜的人，声称美国总统里根经常来自己的店里吃海鲜，同很多爱吹牛的商家一样，他的故事并没有引起别人的重视，顾客也并不相信里根总统会来这样的小店里消费，毕竟几乎每一年都有一些商家声称自己招待过某位伟大人物，但实际上这些故事不仅可笑，而且还带有明显的仿造痕迹。

那些吹牛的商家最终都没有得逞，在大家的质疑声中慢慢闭嘴，而这家海鲜店的老板却并不那么想，而是每天都对进入店里的每一位顾客唠叨总统前来就餐的故事。时间一久，很多人渐渐接受了这个故事，并且真的愿意相信里根总统来这儿吃过海鲜。而这个几乎是完全杜撰的故事成为这家海鲜店的最佳品牌代言，很多顾客都慕名前来尝一尝美国总统吃过的海鲜。

一件根本不存在的事情，经过反反复复几次传播后，就成为真实存在的事件；一个杜撰的故事，如果持续反复地讲下去，那它也会被其他人认为是真实存在的故事。这就是一个非常高明的心理游戏，也是一种高超的销售技巧。在故事行销中，商家应该想办法让顾客对相对陌生的故事产生更多的认可和信任，那么就可以从这一方面入手，选择一种近乎闹铃的方式来提醒顾客。

事实上，一般的广告也具有同样的效果，无论是正常的电视广告还是购物广告，其本质就是持续讲故事、反复讲故事，通过每一天的故事重播来引起消费者的注意，通过反反复复讲述故事，消费者会慢慢接受它的存在，并且认为这些广告会带来更多真实的体验。即便是在日常的具体销售活动中，在一些现场的促销活动中，销售方同样可以采取类似的方法来强化消费者的思维，通过持续性地讲同一个故事，让消费者产生一种固定的印象——这个故事说的事情都是真的，故事中产品的价值也是真的。

不过持续和反复并不意味着狂轰滥炸，任何一个销售人员都不可能也不应该像电视购物中的广告一样，一连重复几十次，高强度的重播率会造成审美疲劳和厌倦，因此最好的方法还是要保持一定的间隔，而且一定要注意观察消费者的反应。好的故事值得宣传，也值得反复宣传，但一直持续不间断地重复同样一个故事，会破坏整个销售活动的张力，这样反而会让故事变得无足轻重，慢慢丧失原有的影响力。因此，在讲述一个故事的时候，必须懂得如何在潜移默化中影响消费者的判断，同时也要避免他们对故事产生反感。

No story, no selling

Chapter 7

# 适当的修饰就是最得体的说明

通过各种修辞手法可以让产品和角色发生转换，还能够让整个故事的格调变得更高一些，也让整个故事变得更加鲜活。

# 1. 利用修辞手法来激发客户的联想

在义乌的小商品展销会上，义乌本地商会的一位副会长提到了一个有趣的话题：在利用故事来描述所要销售的产品时，顾客和客户需要的是什么？

如果直观地来看待这个问题，多数人都会知道答案，顾客肯定希望获得更多有关产品的信息，但这样的答案太过笼统，而且容易让商家或销售人员陷入销售误区。毕竟如果仅仅只是考虑到顾客需要更多的产品信息，那么销售人员完全可以提供更多的资料，或者花费半天时间讲述产品的相关情况，而这显然是不合理的处理方法，正如我们前面所说的那样，太多的文字信息会折损消费者的兴趣，同时进一步激发他们左脑的理性分析功能，这样他们通常就更不愿意轻信商家的话了。其实，消费者最需要的就是一种画面感，他们需要在最短时间内对产品建立起一个更为立体的、更为直观的印象，这个印象就需要通过一个好故事来呈现，或者说需要依靠商家或销售人员讲故事的技巧激发出来。

那么如何才能让整个故事变得更有画面感，或者说如何才能让消费者对故事建立起更多的画面感呢？最简单的方法就是联想，商家不仅仅要出售产品，销售人员也不仅仅要介绍产品的性能，而是应该想办法运用演说技巧来激发消费者的联想功能。通常情况下，比喻、拟人、夸张、对比、象征等修辞手法都是非常不错的激发消费者联想的方法，因为通过修辞可以将一些抽象的、复杂的东西变得具体、直白、简单；可以将深奥的道理变得通俗；可以将枯燥的东西变得生动形象，在故事中运用比喻的手法会激发出更多的画面感和联想能力。

这种联想可以是一种转换，比如将一些文字叙述下的产品转换成画面和图像。销售人员可以运用一些出色的比喻手法，对产品或者某些产品细节进行修饰，将其描述成一个更加符合消费者期望或者更容易被人认识和理解的生动形象。

很多牛奶和饮料公司会这样描述自己的产品：“我们的饮料中含有一大堆益生菌，它们都是人体内的清道夫，就像一个个非常勤快的清洁工一样，从胃部进入肠道，然后帮助身体清理肠道内的垃圾，并且能够有效扼杀有害菌群的繁殖，打造一个健康的肠道。”

在这里，公司并没有千篇一律地介绍什么是益生菌，没有逐条介绍益生菌的主要功能是什么，而是形象地将其比喻成一个勤快的清洁工。这样一来，消费者在购买产品之前脑海中就会形成一个生动的画面：一大堆益生菌进入肠道，然后拿着扫把清扫或者驱赶肠道内的垃圾和毒素，并且还和那些有害细菌发生战斗，最后将肠道变成一个干净的地方，就像新打扫的房子一样。

由于加入了比喻的手法，产品的形象会变得更加生动，产品的价值会变得更加突出，消费者几乎不需要花费时间去理解那些说明书中的内容，不用去纠结那些烦琐的文字所介绍的产品功能，他们能够立刻产生联想，并且直观地想象出这些产品能够对自己产生什么影响，能够给自己带来什么帮助。

另外一种就是角色的转化，所谓角色转化指的就是商家可以通过比喻将自己或者公司拟化成某个更容易让消费者产生认可和信任的角色。比如某矿泉水厂商为了明确自己的产品来自一些干净的水源，于是就提出了“我们不生产水，我们只是大自然的搬运工”这样的宣传口号，在这里，厂商将自己设定成一个搬运工，实际上就亲切、形象地描述了自己的作用和角色，消费者很快就能够明白厂商故事中所要表达的意思，并且会联想到一个鲜活的“搬运工”的形象。

相比于一般的矿泉水厂商的形象，搬运工更贴切地指出了该厂商的作用，消费者不仅可以想象搬运工运水的形象，同时还可以更深层地联想到一些信息，比如这些矿泉水直接来源于某个水源，那么这个水源的水一定非常好。这个时候，消费者可能会进一步联想到湛蓝的天和碧绿的湖水，会联想到山泉，以及无污染的地下水。反过来说，如果厂商不采取这种比喻的方法，那么整个故事的画面感就会被破坏，厂商的角色定位也就无法从众多的矿泉水品牌中脱颖而出。

这种角色转换也可以是商家的自我转化，比如商家在卖产品之前是卖方的角色，目的是为了卖出自己的产品。而经过各种形象的处理之后，他们可以改变自己的形象、定位，或者让消费者联想到一些更亲近的角色。

很多聪明的商家会自嘲，告诉消费者“有时候我也觉得自己在销售的过程中太唠叨，像个没完没了的老妈妈”，这种自嘲不仅可以缓解消费者在听故事时的不耐烦，还能够刺激消费者产生联想，他们虽然不喜欢商家的长篇大论，但是很可能会想到自己的母亲平时也喜欢将一件事情重复说上好几遍，而目的只是为了让自己记住。通过这种联想，消费者对于商家的故事和介绍会保持更大的包容心，而不会不耐烦地甩手离开。

商家可以结合自身的形象与特点，利用各种巧妙的、形象的比喻，从而让很多顾客想起自己的母亲，想起自己的老师，想起自己最信任的那些朋友，或者想起一个具有社会责任感的公益机构。这些都有助于提升顾客的信任感，有助于拉近彼此之间的感情。

很显然，通过各种修辞手法可以让产品和角色发生转换，还能够让整个故事的格调变得更高一些，也让整个故事变得更加鲜活。此外，一个好的语言修饰往往可以有效增加故事的内涵，可以适当减少故事的内容，毕竟通过更加形象的描述，消费者往往一下就可以联想到相应的画面，并且会对一些隐藏在内的信息进行挖掘，而不用讲故事的人一点点全部讲出来，而这往往可以让整个故事更具魅力，也让商家和消费者之间变得更有默契。

## 2. 比喻是最佳的翻译员

我经常会遇见一些化妆品推销员上门推销，他们总是大肆渲染自己产品的性能："看看我们的产品吧，是专门用来防晒的，这样的防晒霜可比市面上的防晒霜要强多了，你可以看看说明书。而且我要和你说，很多明星最近也在用这一款产品，你见到她在海边的日光浴照片了吗？用的就是我们公司的产品。紫外线对于皮肤的伤害向来不可小觑，你可以使用一段时间看看，就知道紫外线根本伤害不了你的皮肤，抗紫外线添加剂会完完全全地将紫外线挡在外面。"

这段话听起来没什么毛病，产品的主要性能也介绍得比较清楚，整个故事的逻辑和脉络也比较清晰，整体上也还算可以。不过如果我们将整个故事稍加改动，情况就会变得有所不同：

"看看我们的产品吧，是专门用来防晒的，也许你觉得我们的防晒霜不够好，但是如果看看新闻，你就会发现上次在海边晒日光浴而遭到偷拍的那个女明星，她用的就是我们公司的产品。我可以说这款产品的防晒功能非常强，产品当中含有的很多抗紫外线的添加剂就是专门用来对付紫外线的，只要均匀地抹在皮肤上，就像给身体套上一层薄薄的保护膜，或者说是穿上一副盔甲，可以让那些前来进犯的紫外线无从入手，并顺利地将它们拒之门外。"

在这段话中，故事变得更加有说服力，主要一个原因就在于讲故事的人并不是笼统地讲述了防晒霜可以隔离紫外线，而是用一个巧妙的比喻来解释防晒霜的功能。“给身体套上一层薄膜”这样的比喻可以更加具体形象地展示出抗紫外线添加剂的功效。

通过两种表达方式的对比，我们可以发现这样一个问题，那就是合理的精准的比喻往往会让故事变得更加出彩。首先，通过巧妙的比喻，故事中一些专业化的内容会变得简单易懂，可以让消费者更好地理解故事的内容或者产品的相关信息。就像很多人不太清楚紫外线，不太清楚防晒霜的功效一样，他们通常也无法理解那些化学物质和成分，而比喻之后则会将防晒功能简化成一个大家都能够理解的东西。这样一来，消费者对于防晒功能的理解不再局限于说明书上那些枯燥的文字和符号，而会形成一个生动形象的画面。

其次，比喻往往会让产品的形象变得更加生动，“套上一层薄膜”或者“一副盔甲”，这会让产品的性能和定位变得更加形象、更加生动，在这个时候销售人员所传达的理念会更加清晰：这就是一个身体的保护神，可以确保你的皮肤高枕无忧。

在这里，我们可以看出比喻的作用以及重要性，它在故事中所承担的一个重要任务实际上就是“翻译”，它所扮演的角色就是一个多功能的“翻译官”。通过比喻，一些深奥的专业知识、专业话语会变得更加通俗易懂；通过比喻，一些枯燥的、单调的、生硬的文字叙述，会变成更为形象生动的画面，而且消费者会发现故事中的产品不再仅仅是一个单纯的工具或者其他什么东西，而是一个重要的角色，一个推动故事发展的重要符号。

曾经参与制作《少年故事选集》的D先生，有一次和我谈论起了讲故事的技巧问题，他对我说过一段话：“故事其实不需要太多技巧性的东西，但这并不意味着故事就是一大段毫无感情色彩的大白话，好的故事应该是能够打动人心的，应该有一个更加生动的立体的人物形象或者产品形象。虽然我也不赞成太多修饰性的语言来美化故事，但是适当的修辞手法还是应该有一些的，其中比喻是一个最常用到的方法。”

就像之前所说的一样，故事追求的是通俗易懂，不过通俗易懂并不意味着要牺牲掉故事的语言风格，同时适当的比喻的确可以让一些听起来有些生硬和枯燥的内容变得更加生动，更加被人理解。这些比喻通常具有很强的翻译作用，而这种翻译往往体现在不同的方面：

### ——产品的角色和定位

在一个故事中，产品永远都是宣传的核心内容，无论是产品生产者、营销者自己的故事，还是发生在顾客身上的故事，所有的内容其实都是围着所要出售的产品来转的，这样就决定了产品的角色和定位。而一个好的比喻往往能够凸显出产品的这种定位以及它在人们生活中所扮演的角色。

比如一些儿童感冒药的销售，商家们可能会更多地宣传一点：家长平时应该在家里面多购置一些感冒药，以备不时之需，这样就可以在孩子患上感冒的时候及时服用，而不用去医院看病。而一些更加聪明的商家则会采取比喻的方法，将这类儿童感冒药比喻成“家庭小医生”，这样一来，感冒药的角色和定位就会立即凸显出来，而且变得非常生动。很显然，家长们在听到这样的行销故事后，会对感冒药产生很大的好感，并且愿意多存一些感冒药放在家里。

这就是典型的角色和定位，准确而得体的比喻可以将产品和消费者的生活需求紧密地结合起来，让消费者更加明确地意识到这些产品在自己的生活中所扮演的角色，以及所能够产生的重要作用，而这种认识恰恰是促成他们消费和购买的关键。

——功能性的表达

对于消费者来说，这个产品有什么功能，产品的功能是如何实现的，这些功能自己是否能够完全理解，这些往往是他们非常关心也很困惑的问题。通常情况下，商家或者销售人员会主动提供各种产品的信息，尤其是一些功能性的表述，也会尽量清晰，但是很多商家在说明产品功能以及如何才能实现应有的功效时，显得过于专业化，而且基本上都按照说明书来讲解。这种解说方法掺杂在故事中不仅会破坏故事的流畅性，而且还会带来很多严重的理解问题，因为消费者毕竟不是专业人士，也不了解产品的具体功能，所以有时候无法理解这个产品是好是坏。

这种情况下，运用比喻的修辞手法显得很有必要，商家和销售人员完全可以将产品的功能比喻成一个更容易被人理解的东西，这样实际上就实现了某种转化，可以将那些难以理解的功能性表述转变成为一种更加直白的、生动的描述。

某收割机厂家准备去东北市场推销自己的新机器，结果很多农民都不清楚收割机的功能，它们无法理解厂家所说的那种“什么都可以收割”“什么都可以分类”。虽然厂家举了很多例子来说明新机器功能强大，来说明新机器可以自动将各种农产品做好分类，只要收割机在田里开上一圈，那么所有的农产品会自动被处理好。但对于农民来说，他们还无法理解这些新技术，也想不通，为什么收割麦子后就可以直接开着它去收割高粱以及玉米。

厂家的技术员说了一大堆的功能以及机器的相关知识，可就是没有办法说清楚这些功能。这个时候厂家的销售负责人站出来解释：“如果说你们田里的作物是不同的孩子，那么我们机器就像是家里雇来的保姆，她懂得分别看管好每一个孩子，懂得给每一个孩子分发食物，并且懂得安抚他们，她总是能够安排好每一个孩子的生活起居。”经过这样一番形象的表达后，很多农民都理解了机器的功能，于是厂家顺利卖出了自己的第一批新产品。

在很多销售过程中，其实都存在类似的状况，由于消费者对功能无法理解，常常拿不定主意，而销售人员通常又缺乏相应的技巧，只会拿一些数据以及生硬的专业化语言敷衍过去，这样往往容易造成沟通交流上的障碍。所以最好的办法还是尽量选择一些容易理解的表达方式来做好行销工作，从而提升故事的说服力。

如果说故事是一个有生命的机体，那么比喻往往就是这个机体中的活性因子，通过恰当的比喻，就可以有效激活整个故事，让故事变得更加生动，更加吸引人，也让故事变得更具生命力和穿透力。

## 3. 让产品变得更具生命力

在日常的生活中，我们经常可以看到或者听到各种形象的说法：

“皎洁的明月高挂在淡蓝色的天空中，然后月光慢慢倾泻下来，给大地披上银白色的衣服。

“你看那朵云彩，就像一堆轻盈的棉花糖！它一直都在那儿引诱我们呢。

“春天就像一位神奇的魔法师一样，当他缓缓从你面前走过的时候，你就会发现生活中多了很多色彩、鲜花以及生命。

“远远望去，山顶的松树连成一片，在皑皑白雪中依然披着绿色的外套，就像寒冷肃杀中依旧保持坚毅的一道剑眉。

“风柔和地吹拂在我的耳旁，捎来了我母亲的问候。”

……

在这些句子中，我们往往会发现一个共同点，那就是通过修饰之后，句子通过拟人化的处理，使得所提到的事物变得更加生动，而且富有生命力，而这种生命力令所描述的东西更让人印象深刻。如果将比喻句运用在故事行销中，同样会产生类似的效果，商家所描述的那些无生命的产品会变得更具生命力，会成为一种鲜活的理念，而不仅仅是一个消费品。

有个花店的员工这样对顾客推销自己的花：“你可以先看看我们店里的水仙花，它是国外进口的，品种优良，花瓣呈现的是白色和鹅黄色的唯美搭配，非常好看，也非常耐看。它是我们店里目前卖得最好的一种鲜花，很多客人进店后一眼就相中了它们，往往在第一时间就买下了它们。上次有一位上海郊区的顾客还支付了大笔订金，说是要在自家种上十几盆水仙花。”

在这个故事中，水仙花的出处、外形、价值，顾客的态度以及购买行为都比较详细地作了说明，因此整个故事呈现出一种比较强烈的真实感。但是对于这种鲜花类的产品，消费者通常都有自己直观的感受，而商家或销售人员要做的其实就是强化消费者的审美观念，并且尽量让对方的审美和自己的讲解趋于一致，所以这个时候他们要做的就是对水仙花做一些更有趣的讲解，以此来引导消费者的审美倾向，并且进一步激发他们的兴趣。

比如，他们可以这样描述自己的水仙花："你可以先看看我们店里的水仙花，它是国外进口的，品种优良，洁白优雅，带着一抹俏皮的黄色，看起来就像是一位翩翩起舞的美丽仙子，非常好看，也非常耐看。它是我们店里目前卖得最好的一种鲜花，很多客人进店后一眼就相中了它们，往往在第一时间就买下了它们。上次有一位上海郊区的顾客还支付了大笔订金，说是要在自家种上十几盆水仙花。”

在这个故事中，商家对水仙花白色和鹅黄色的花瓣做了一个形象的修饰和处理，将其看作一个优雅中又带着一丝俏皮的正在舞蹈的仙女，这样的比喻不仅更加完美地体现出了水仙花美丽的外形，而且还让水仙花变成了一个有生命、有活力的东西。消费者在听到这些形象生动的比喻后，一定会影响到他们对于水仙花的视觉感受，并且往往会觉得这些水仙花真的是一些有灵性和生命的好东西。

在众多修辞手法中，拟人化的处理往往是最有灵性的，往往会让一些枯燥的东西变得更加有活力，变得更加有生命力，因此在讲故事的过程中应该熟练运用，在行销故事中更是如此。事实上，对于商家来说，他们常常过分追求产品的使用价值和一些性能，所以在他们眼中产品是一个使用工具，是一个服务生活的工具，它本身缺乏独立性和生命力。这种想法很容易让他们陷入一种僵化的销售模式，也容易让自己的产品变成一个毫无生机的展览品，而不是一个自带光环和魅力的东西，也正因为如此，他们必须不间断地对产品进行各种修饰和描述，而这种描述未必会让产品变得更具吸引力。

如果用拟人化的手法来描述产品，那么往往会通过转化，赋予产品更多的生命力，这个时候的产品实际上脱离了单纯的“工具”身份，而成为一个具有独特魅力且能够释放出这种魅力的角色，这样的产品往往更能够吸引消费者的关注。

其实，商家往往会通过故事和产品讲解来体现自己的价值观和某些生活理念，而一个具有生命力的产品往往可以更好地承担这种传播价值观的责任。如果展示的是一个毫无生命的工具，那么也就失去了传递价值观的能力和意义。

另外，消费者通常对产品有更多的精神寄托和情感寄托，而这种寄托通常都会导致他们对产品产生一些特别的期待。其中有一个重要的期待就是希望自己购买的产品具有更多的灵魂和内涵，而这些灵魂实际上就是内在的生命力。如果商家忽略了这一点，忽略了对产品的生命力进行包装，可能会让消费者丧失更多的兴趣。

需要注意的是，消费者常常会注意观察商家对待自己产品的态度来做出是否购买的决定，比如很多商家将自己的产品当成孩子一样，保养得非常好，而且投入了很多的精力和情感。这个时候，消费者通常都会这样觉得：“一个对自己的产品如此看重，并且如此关注的人，一个将自己的产品当成一个新生命来对待的人，必定非常有心，而且一定会做出非常好的产品，也一定会保持一颗赤诚之心。”所以那些经常运用拟人化方法来处理自己产品的商家，那些懂得赋予产品生命力的商家，往往更能够让消费者产生信任。

法国作家艾尔伯特曾经非常落魄，所写的书经常被出版社退稿，为了维持生计，他不得不到街上去卖自己的书。在卖书的时候，很多人都不愿意理会他，他也显得有些苦恼。有一天，一个老年人走到他的书摊面前，翻阅了几页之后就询问书的价格，艾尔伯特说明价格后，对方对书的高价有些疑惑，接着他又翻阅了几页，然后突然说了这样一句话：

“关于这些书，你觉得能为我提供什么？”

艾尔伯特微笑着说：“我能为你提供一个老伙计。”

老人听完之后，默默地点了点头，然后买下了所有的书，几天之后，老人决定帮助艾尔伯特出书，原来这个老人是一家出版社的主编，而且在出版界颇具威望。他正是看中了艾尔伯特对于书的态度，也非常欣赏艾尔伯特有关“老伙计”的比喻，他觉得一个作家如果能够将自己的书看成一个有灵魂、有生命的作品，那么证明了这个作家一定在用心写书，而这些书的档次也绝对不会低。

艾尔伯特的经历恰恰证明了一点：好的产品是具有生命力的，而好的故事必须让这些产品变得更具生命力。

# 4. 运用通感手法来提升顾客的体验

有个落魄的钢琴家找到“指挥之王”卡拉扬，希望他能够帮助自己推销一下钢琴曲，顺便卖一个好价钱，因为没有人愿意听他弹钢琴。卡拉扬是一个艺术大师，他向来看不起那些利用音乐来赚钱的人，并觉得这样的人对音乐缺乏尊重，所以他拒绝帮忙。可是这个钢琴家就坐在卡拉扬的家门口，然后弹奏了一首钢琴曲，卡拉扬听后完全震惊了，觉得这个人的造诣很高，日后必定有一番作为，于是就决定破例帮助他。

几天之后，卡拉扬利用自己的地位和名声，帮助这个钢琴家安排了一场钢琴演奏会，在门票开售的时候，卡拉扬亲自站在剧场门口招揽顾客。不过当顾客看到门口告示牌上贴出来的是一个陌生的演奏者名字时，都用怀疑的眼光看着卡拉扬，并且询问他“这个陌生人是谁，有什么能耐敢在这样的大剧场里表演”。卡拉扬于是对每一个进入的人说了这样一句话：“这是一个你们不认识的钢琴家，但我敢确定你听完第一声，就会想要吃掉那些音乐。”

事实上，这个简单的宣传和销售故事说得非常巧妙，很多人都决定进去瞧一瞧是什么样的音乐可以让人产生吃掉它的冲动，于是门票很快就销售一空。

那么为什么卡拉扬可以让一个名不见经传的钢琴家如此受欢迎呢？原因就在于他在讲故事的时候运用了一个非常巧妙的方法，那就是通感。所谓通感就是在描述客观事物时，用形象的语言使感觉转移，将人的听觉、视觉、嗅觉、味觉、触觉等不同感觉互相沟通、交错，彼此挪移转换，将本来表示某种感觉的词语转移用来表示另一种感觉，这样一来就可以让意象变得更为活泼、更为新奇。

卡拉扬所使用的通感实际上就是将听觉转换成为味觉，钢琴曲原本是用来倾听的，而卡拉扬却将其转化成可以用来品尝的东西，这样一来听众的胃口就被调动起来，他们非常想要见识一下“美味”的音乐究竟是怎样的。在通感的艺术手法下，卡拉扬的行销故事变得非常生动有趣，而且充满创意，让人耳目一新的同时又产生强烈的消费欲望。

事实上，通感通常是一种艺术性的修辞手法，通常被用在戏曲表演和文学作品当中，在生活中其实也比较常见，比如我们常常夸赞某个人的声音很甜美，其实“甜”指的是味觉印象，而“美”则属于视觉印象，这两个形容词和听觉毫无关系，但是一旦结合起来就产生了很好的通感效果，突出了说话人“声音”的特质。另外，我们也常常会说“天空挂着一个寒冷的弯月”，其实“寒冷”更多的是一种触觉印象，而看到月亮在空中则是视觉印象，因此这里就等于将视觉和触觉进行了通感。

从逻辑上来解释，通感手法会让人觉得有些怪异，但是却经常会让那些被描述的东西表现得生动有趣。而很多聪明的商家也喜欢在销售中运用这种修辞手法来讲故事，并让整个故事中的产品变得更加生动形象，也更好地吸引了消费者的关注。

一家面包店的老板在门口介绍自己的面包时，对顾客这样说道：“你一定要小心了，这些面包的香味会迷住你的双眼，从昨天开始，已经有五十多位顾客坐在我的面包店里不肯走了，就像看上了某位美丽的姑娘。”在这里，面包店的老板就是巧妙地将嗅觉转移成为视觉，就好像顾客看到了一位美女一样，纷纷赖着不肯走了。

很显然，如果老板说“面包的香味迷住了他们”，听起来也还不错，但故事的味道和效果就要差很多，不仅削弱了面包的魅力值，而且让整个故事也相对很平庸，缺乏创意和趣味。通过感觉的挪移，可以更加形象地凸显出面包的香味不同凡响，让人印象深刻，而这样的宣传方式无疑会让顾客更加心动。

一家乐器行在出售自己的吉他时，说了这样的故事：“我们的吉他本身就充满节奏感，每一个摸过它的人都会感受到音乐的力量，你可以尝试一下，摸一摸并感受一下那上面是些什么音乐。”众所周知，吉他只有弹奏时才会发出声音，但是乐器行的销售人员却认为抚摸乐器同样能够感受到音乐，这样就等于将触觉转化成为听觉。这种通感的手法不仅让整个故事毫无违和感，而且在某种程度上还强化了吉他的乐感，让消费者认为这把乐器本身就充满音乐的节奏感，因此值得购买和拥有。

通感实际上在销售中的应用非常广泛，也的确能够产生很好的销售效果，原因就是因为它打破了消费者对于产品单纯的某一种感觉，而是充分调动了消费者的感官系统，并让这些感官系统相互连接，从而深化对故事、对故事中的产品的印象。比如面包店的老板，将香味带来的嗅觉感知转化成了视觉印象，这样一来，消费者实际上不仅想要闻那些香味，还会想着看一看这些如此香的面包究竟长什么样子，吃起来的感觉究竟是怎样的。可以说通过通感手法的运用，消费者想要品尝的不仅仅是香味，而且是色香味俱全的面包，这个时候，由于全身的感官系统被调动并连接起来之后，消费者对于面包的画面感就更加真实、更加丰富，也更为强烈。

同理，乐器行在出售吉他的时候，先让消费者触摸产品，然后通过这种触摸来感知乐器的音乐感和节奏感，从触觉向“听觉”的转化过程中，消费者不仅会产生抚摸的冲动，还会想要弹奏一曲，听一听吉他的音质怎么样。这个时候，消费者会将吉他的外形、触感、音质等各个特性联系起来，并且全部通过自己的感觉器官体验一遍，这个时候，他购买吉他的欲望会变得越来越强烈。

由此可见，通感其实是增强故事魅力和产品魅力的一个重要方法，也是增强消费者画面感的有效手段。此外，在行销故事中，适当地运用通感不仅不会显得太过花哨，而且还会带来一些颠覆性的效果，让顾客对故事产生更多的兴趣和更高的期待。

## 5. 主动提问而不是陈述

心理学家认为提问远比直接的陈述更容易让人产生兴趣，因为提问具有激发性的功能，在提问中，被问的一方往往会在所提问题的引导下进行思考，或者激活思维。重要的是谈话双方会在问题的牵线下产生比较好的互动，这种互动很容易引起更深层次的交流，并且可能让交流双方都产生信任或者好感。而陈述则显得过于自我，往往会造成，“你说你的，我听我的”的现象，它很容易切断谈话双方之间的交流，而陈述的一方会因为过度表达或者过于自我而让另一方感到无聊。

这种情况在销售过程中同样存在，销售人员或者商家经常会以这样的方式讲故事，“我们的产品之所以设计成这个样子，是因为……”“我们坚持24小时上门服务，我们的服务系统依靠一种新的运营机制，它是这样的……”“在过去几年，我们所坚持的理念是……”“我想你一定会对我们的产品感兴趣的，它的制作工艺是……”这些都是一种直接陈述的方式，销售方会主动说出自己的产品或者服务，并对其进行解释，表面上来看并没有什么问题，但实际上一切都像是销售人员在自说自话，而这个时候消费者是完全被排斥在这些话语之外的，他们没有机会参与进来，渐渐地也就没有多少兴趣去充当一个听众。

我在上海同济大学遇到了戈麦斯先生，他是一个出色的营销学专家，曾经在微软公司和苹果公司担任销售顾问，在销售方面经验老到。

有一次，他和我提到了二十年前的一件事，当时他还是一个籍籍无名的医疗仪器销售员，每天的工作就是在大街上寻找那些潜在的客户，然后试图说服对方买下自己的产品。

戈麦斯先生在工作期间曾经接触过一些营销方面的知识，也自认为是一个口才非常好的销售员，所以他对自己的这份工作充满信心，并且夸口可以轻易就卖掉这些产品。但实际上在三个月的销售工作中，他只勉强卖掉一部仪器，并且面临被炒鱿鱼的危险。有一次，他沮丧地坐在一家医院门口发呆，碰巧有位老先生从医院里出来，然后就对扛着仪器的戈麦斯产生了兴趣。

戈麦斯于是和老人攀谈起来，并且针对自己的医疗仪器讲了一个很不错的故事，就像他平时销售产品时所说的那样。这个时候，老人突然问他：“你一个月可以卖出多少仪器？”戈麦斯垂头丧气地说了实话。老人于是拍了拍他的肩膀说：“如果你想将这个产品卖给我，也许你应该问我几个问题。”戈麦斯不理解，于是就问原因，结果老人说：“如果我想要和你说话，想要让你对我的东西感兴趣，我就会说‘你觉得我这个东西怎么样？’或者‘你是否见过这个东西？’记住，当你想要让别人听你说些什么的时候，提问远远要比自己说出来更加重要。”

后来戈麦斯正是靠着老人的提点，工作才慢慢有了起色，在那之后的两个月时间里，他一共卖出了13台仪器，就连他自己也承认讲故事方式的改变让他获益匪浅，而事实上那个在医院门口给他传授“方法”的老人就是美国著名的经济学家克洛德。

一个优秀的、聪明的销售人员懂得吸引顾客的兴趣，懂得激发消费者的消费心理，也懂得引导顾客参与到自己的故事和谈话当中来。所以他们通常的做法不是拿着产品在顾客面前喋喋不休地说上一段故事或者进行介绍，而是采取主动提问的方式来吸引顾客的注意，来调动他们的思维。

“你知道我们的产品为什么会设计成这个样子吗？”“你知道我们为什么要坚持24小时上门服务，而这种24小时上门服务又是怎么做到的吗？”“在过去几年，你了解我们的工作理念和服务理念吗？”“我们的产品一定会引起你的兴趣，那你知道它的制作工艺是如何的吗？”

将这些提问和之前的陈述进行比对，就能够明显发现提问的效果会更好，对顾客、客户和消费者产生的作用也更大。通过提问，可以提升消费者的参与感，使得他们不会感觉到自己是被孤立在整个故事之外的，这种参与感会让消费者对谈话的内容和故事所要传达的理念产生更多的兴趣。

上海某品牌公司的负责人就说过：“我们坚决杜绝那些自说自话，上来就浮夸地吹嘘自己产品的人，我们需要一些会提问的人，需要一些将所有优势巧妙地包含在提问中的人。”事实上，当我们去购物的时候，通常都希望和售货员进行简单的交流，而不太喜欢一进门就被人拉着四处介绍产品信息，或者说出什么新奇的故事。相信很多人都会对那些过分殷勤的服务员感到心烦，甚至出现厌恶感，因为这种主动陈述的方式往往显得太啰唆，而且会压迫消费者的选择空间，而平铺直叙的手法往往缺乏太多的灵活性和技巧性，根本无法做到让整个故事先声夺人，吸引顾客的关注。提问则恰恰相反，将一个问题抛给别人显然比直接告诉别人怎么样更加具有互动性，而这就是一个好的开始，能够慢慢将顾客引入自己的故事当中去。

其实，除了抓住注意力之外，提问也是一种试探的方法，通过提问可以有效试探出顾客的真实想法和需求，比如他们是否对自己的产品感兴趣，他们是否拥有比较强烈的购买欲望，他们理想中的产品应该是怎样的，他们的消费倾向如何，他们对故事的反应是怎样的。这些都可以在提问中或多或少地试探出来，然后销售人员就可以针对性地进行调整，他们会明确知道自己的故事应该从哪个方面入手，会知道自己应该以什么样的方式讲故事，以及讲哪一类故事。平铺直叙式的主动介绍往往缺乏灵活性，销售人员一下子就把全部要表达的信息说完了，如果顾客对这些故事不满意的话，销售人员根本没有什么回旋的余地，这样就容易导致产品销售的失败。

此外，提问通常可以在故事中产生制造悬念的效果，适当提一些问题很容易吊起消费者的胃口，比如销售人员在讲述故事的时候，可以说“你知道这是为什么吗？”“你觉得事情会是这样吗？”“现在，事情是不是就该这样了？”这种提问的关键在于将自己想要表达的想法和内容变得不那么明确，变得捉摸不透，这样才能够吸引更多的注意力。

无论如何，最好的销售方式永远都有一个重要的特性，那就是主动串联自己与客户之间的关系。一般情况下，直接由销售人员进行陈述并不太容易带动对方的情绪和思维，最好还是选择以提问的方式来引导顾客做出相应的反应，而这才是成功销售的一个重要方法。

# 6. 借代可以让形象更加鲜明、突出

有个中国人去旧金山开餐馆，结果隔壁开了一家澳大利亚餐厅，双方展开了直接的生意竞争。与澳大利亚人的每天吆喝和叫嚣着让中餐馆倒闭不同的是，中国餐馆始终保持友善的态度，老板只是给每一个路过餐厅的人发了一张小卡片，上面只有一句话："从某一天开始，我们多了一个新邻居，那么现在请你们好好做出选择吧，熊猫还是袋鼠？这会是一个很难选择的问题吗？"

在这个卡片中，中餐馆的老板讲述了一个非常简单的故事，那就是中国餐馆和澳大利亚餐馆的冲突，但是为了淡化这种冲突，并且让这种冲突尽量变得有趣，他采取了一个高明的手法，分别用熊猫、袋鼠来指代中国和澳大利亚，这样一来，消费者所见到的就不再是火药味十足的交锋，而是文化韵味十足的趣味竞争。

其实，在这个故事中，中国餐馆的老板所使用的就是借代手法，这是比较常见的修辞手法之一，也是讲故事的时候经常会出现的。说话的人不用直接点名道姓地指出所要表达的对象，而是借用与这个对象关系密切的人或者物来进行替代，从而确保所描述的对象更加生动、形象，而且还避免了一些枯燥、烦琐的描述。

同样的事情还发生在"花花公子"这个品牌身上，当"花花公子"决定开拓眼镜市场的时候，很多人表示不理解，在多数消费者眼中，

“花花公子”品牌中风头最劲的应该是杂志，可以说从某种意义上来说，杂志就是支撑整个“花花公子”品牌的支柱。正因为大家对《花花公子》这本杂志印象深刻，哪怕在提到该公司的品牌时，很多人反而忘记了公司原有的商标和品牌形象，大家只记得《花花公子》杂志封面上的性感女郎。

正因为如此，很多人觉得“花花公子”的系列产品中，除了杂志，其他的产品肯定都没戏，眼镜生意肯定没法获得成功，有人戏称“我们总不能在镜片上贴着半裸的性感女郎来招揽顾客吧！或者说我们应该发明一种新型的镜片，可以看到里面呈现出来的性感照片”。在一片嘲笑声中，眼镜店的生意也是丝毫不见任何起色，有些人认为公司在业务拓展方面的想法是可以理解的，但是将眼镜和成人杂志、传媒等相提并论简直有些滑稽。

不过，有个店员却并不那么想，他觉得“花花公子”的明星产品虽然是《花花公子》杂志，能代表花花公子公司的品牌形象，但不能决定公司旗下所有的产品。所以他决定改变过去的销售模式，而选择新的行销方法来卖眼镜。

从那之后，他开始对客户讲述眼镜的故事。有人经常会问他：“听说你们也是花花公子的品牌？你们为什么不在门口贴上一行性感女郎的海报？”

他总是巧妙做作出回答：

“也许是个好主意，但我们必须邀请那只兔子从杂志封面上走到眼镜店里来，我想那些女郎也许也愿意来这里坐一会儿。

“不，我们只需要那只兔子。

“我们的兔子喜欢那些女郎，但现在它需要一副眼镜。”

……

在这些回答中，实际上都讲述了有关“兔子”的故事，而这只兔子实际上指的就是“花花公子”。为什么店员不直接说“花花公子”呢？就是因为担心顾客们听到花花公子之后就会想起那本让全球无数男人为之痴狂的成人杂志。而通过借代的手法，店员不仅有效地将“花花公子”公司和《花花公子》杂志区分开来，还重点突出了“花花公子”的品牌形象，就是那只竖起双耳的兔子。

很显然，通过这种巧妙的回复，这个店员让“花花公子”的双耳兔形象变得更加鲜明和突出，也间接地让兔子形象和眼镜结合起来，并最终让消费者接受了将“花花公子”印在镜片上的事实，而“花花公子”的眼镜也很快成为全球眼镜行业中一股重要力量。

这就是借代的作用，事实上，在很多方面，通过寻找和描述对象相关的一些东西，往往可以更好地进行宣传。最明显的就是商标，很多公司都有商标，这些商标只是公司资产的一个组成部分，但是在某些方面，这些商标和符号要比单纯的公司名字更加出名，也更容易令人印象深刻。事实上，公司的名字很容易被弄混，或者记不住，但是只要不是恶意抄袭的话，商标带来的符号效应还是比较清晰和明显的。就像奔驰的三叉戟车标一样，很多人看到之后很容易记住，但是“梅赛德斯-奔驰”这个长长的名字往往让人感到陌生，或者记不全。

事实上，聪明的销售人员善于利用一些容易被人记住而且令人印象深刻的东西来借代所要描述的对象。这些东西往往更加简单，形象也更加鲜明，它们几乎可以独立地作为一种符号而存在，就像熊猫、龙可以作为中国的标志，袋鼠可以成为澳大利亚的象征，三叉戟可以指代奔驰车一样。这些符号几乎都可以完美地解释故事所要描述的对象，而且更具针对性，更具趣味性，也更容易激发消费者的联想。

借代在行销故事中往往能够起到很大的作用，可以帮助商家更巧妙地组织故事，也可以帮助消费者更好地理解故事中的内容和含义。

### ——更加含蓄

商家在讲述一件商品或者一个与商品有关的故事时，常常有一些容易混淆的概念，或者一些不方便明说的内容，这个时候可以借助与之相关的某一个人或者物来借代，这样一来就可以有效避免陷入尴尬的境地。就像眼镜店的店员提到兔子，而不是“花花公子”，目的就是为了避免被消费者将“花花公子”解读为《花花公子》。

通过借代，商家就可以在一些容易发生歧义和误会的故事中，表现得更加含蓄一些，而这种含蓄通常并不会影响到消费者对故事的解读，可以说他们能够了解商家隐晦的表达背后的深意。

### ——更加简单

通常情况下，借代都会起到简化故事的作用，一些烦琐的、冗长的名称可以用一个简单符号或者某一个“道具”进行指代，这样就避免了整个故事的情节都被这些烦琐的名称所打断。有家中国公司的市场负责人在与非洲一家供应商洽谈业务时，他提到了自己曾经将产品卖给非洲另一个大型供应商萨尔布·穆托姆博·可莱伦·让·雅克·摩根·穆坎巴。这个名字出现在故事中对于讲故事和听故事的人来说都是一个挑战，尽管双方可能都认识这个本地的“大人物”，但是中方负责人为了提升故事的说服力，也不得不一遍遍说这个拗口的名字，而这个名字很显然轻易就会破坏故事的氛围，也会破坏故事的顺畅性。

在这样的情况下，中方负责人干脆换了另外一个说法：“先生，我们真诚地想要和您合作，我们在和非洲的另一个供应商‘大鳄鱼’先生合作时，我们彼此都感到很满意，双方都取得了不错的效益……上个月，他还建议和我们深化合作。”

在这个故事中，“大鳄鱼”指的就是萨尔布·穆托姆博·可莱伦·让·雅克·摩根·穆坎巴，在非洲，很多人都知道这个称呼指的是谁，大家也都乐于这样尊称他。很明显，通过用大鳄鱼来借代这个供应商，使得故事一下子变得更加简洁。

**——更加有趣**

对于消费者来说，他们希望听到一个更加有趣的故事，而有趣的关键不仅仅在于故事的内容，还在于故事中一些名称和词语的转化，比如故事中经常会出现一些具体的地名、国家、物品或者人名，很多人认为它们都是中性化的词，但实际上只要找到合理的借代方法，就能够有效转化成更为有趣的说法。比如澳大利亚人可以用袋鼠来替代，俄罗斯人可以用北极熊来替代，实际上这些称呼远远要比它们所指代的对象更加有趣。消费者或者客户在听到类似的说法时，画面感通常会很强，就像真的见到了袋鼠或者北极熊，而且他们很容易将袋鼠或者北极熊的形象、特征与指代的对象联系起来。

可以说，借代手法的灵活运用，不仅让整个故事变得趣味横生，意蕴丰富，而且还能够确保故事的流畅和简单，因此它成为故事中一个不可或缺的修辞手法，也是行销故事中一个重要的技巧。当然有一点需要引起注意，借代的借体（替代的叫借体，被替代的叫本体）最好是大家耳熟能详的，否则随意进行借代会让整个故事变得莫名其妙，不仅不能简化故事的内容，还会给消费者增加理解上的麻烦。

No story, no selling

Chapter 8

# 推销自己不如自我解嘲

营销学专家摩尔博士认为现在几乎所有的销售过程都是一种“美好”的展示，但是“美好”一旦泛滥，容易让人产生疑惑，而有时候反其道而行，拿自己开涮，反而会收到意想不到的营销效果。

# 1. 幽默是人际关系的润滑剂

不得不承认，幽默如今成为情商的一个重要标准，无论是日常的沟通交流，还是比较正式的交涉或者谈判，幽默都会让人印象深刻，幽默的人总会更轻松地解决问题。如果将同样一件事，分别让幽默和呆板的两个人来说，相信多数人都会认为幽默的人讲了一个好故事，而对呆板的人的讲述无动于衷。

这其实证明了一个道理：多数人并非总是理性地关注他人讲话的内容，而是关注他人谈话的技巧和方式。对同样的内容进行发言，幽默的人会将内容讲得生动有趣，而严肃呆板的人说出来的都是条条框框的理论，听众通常会说："我喜欢听生动有趣的谈话。"从本质上来说，这些谈话内容实际上并没有发生任何改变，真正引发听众兴趣的是演说技巧，幽默让故事中所有的元素都变得活跃起来。

如果将这种交流模式运用到销售活动当中来，那么考验的就是销售人员的说话能力和技巧，而这些技巧通常决定了他们能否真正打动自己的顾客。同样是卖产品，呆板的人则侧重于性能的介绍，但事实上，如果在介绍性能的时候就像一本枯燥乏味的说明书一样，顾客会这样想：第一，我了解这些性能；第二，这些性能并不突出，其他产品也有；第三，你说的东西大概有夸张和吹嘘的成分。而幽默的人专注于个人的表达，他们更善于拿捏消费者的心理。

M先生是安利公司的一位推销员，每天的工作就是在各个小区里挨个敲门，然后推销公司的产品，通常是一些洗发水和清洁剂之类的东西。自然而然，他也明白那些居民对于自己的骚扰行为恨之入骨。有一次，他像过去一样敲开了我的房门，老实说，这的确让我有些窝火，所以我也没打算给他好脸色看。

不过，当门一打开，M就开口说话了："先生，如果我没有记错的话，这应该是我们这个月第四次见面了，我很好奇为什么自己每一次都不会对彼此之间的见面感到困惑。你之前已经三次拒绝我了，我也不清楚自己为什么还有脸来见你，你知道这就是那些腐朽的用人制度之所以让人深恶痛绝的原因，你知道吗？我有一个同事被迫在一个小区里逛了大半年，他已经是那里的老熟人了。当然，对你来说，咱们之间的会面就像那些该死的闹铃，或者是那些该死的广告一样，这些都是不可避免的。我是说，咱们原本每天都可以过自己想要的生活，但总是要被逼着见个面、说说话。"

这一番话说得巧妙而有趣，直接将我的怒火全部压下去了，接下来我还和对方进行了一番有趣的交谈，不得不说对方并不像前几次看起来那么讨厌了，我们还一起谈论了工作问题和一些生活问题，而对方的幽默表达总能将我逗得哈哈大笑。然后，我就鬼使神差地从他那儿买了一瓶洗发水，而在此之前，我一直抱着这样的想法："让这群该死的浑蛋说去吧，哪怕说到口水也不剩一滴，我也不会买任何东西。"

不仅如此，此后，每隔一段时间，M就会敲开我的房门，然后我们两个人会像老朋友一样站在门口攀谈一番，而最后我会买下他的产品。直到数年之后，我才意识到自己在M身上花掉了多少钱，但一切就那样自然而然地发生了。

同样是卖东西，为什么有时候我们会对销售员的话感到厌烦，有时候却不由自主地愿意为他们的产品掏钱呢？原因往往在于氛围，好的氛围是可以激发甚至创造出消费者的消费欲望的，反过来说，氛围不对，产品再好也难以销售出去。而打造良好氛围的主要方式就是幽默的谈话，幽默是活跃气氛的重要因子。

哲学家亚里士多德愿意每天都跑到一家小店里听老板说话，然后顺带买点东西回去，就是因为他被老板幽默的话给打动了。我们可以想象一下这或许就是老板的销售手段：利用幽默的故事来吸引更多的顾客。

事实上，幽默的言语的确带动了销售的增长，不过幽默的作用不是为了渲染产品的性能，它也无法提升产品的性能，其最重要的作用是制造愉悦的氛围，创造理解和沟通的空间。任何一种销售活动或者交易的发生不能仅仅停留在买卖行为上，它必须拥有足够的铺垫，也就是说，双方必须有足够好的交流，而幽默恰恰为交流提供了最好的空间。

现在越来越多的人开始重视这种新的销售策略——“软促销”，而幽默是软促销中的一个重要组成部分，很多时候，它比单纯的产品更具吸引力。

一位女士在一家皮货店里挑选帽子，当然她左看右看都很不如意，最后勉强选中了一顶白色的帽子：“这顶白色兔皮帽子我很喜欢，但不知道兔皮是否怕雨？”店主知道如果自己对帽子的防雨性能大说特说，对方一定还是不相信，所以他非常幽默地回应说：“当然不怕，您什么时候见过打着雨伞的兔子？”这一番话很快就将女士逗乐了，所以最终很爽快地掏钱买下了这顶帽子。

上海一家花店打出了这样一则广告：“今日本店的玫瑰售价非常低廉，甚至可以买几朵送给太太。”这个广告就是调侃了很多已婚男士不再像婚前那样大方地送太太玫瑰花的现实，对男士具有很大的吸引力。

法国一家香水专卖店在向顾客推荐新产品时，这样说道：“我们的新产品极其吸引异性，因此随瓶奉送自卫教材一份。”这个广告夸张地凸显出了香水对异性具有的不可拒绝的魅力。

一家点心店的销售员这样对顾客进行解释：“如果说我们的点心还有什么缺点的话，那就是它太容易让你着迷、上瘾。”

有个挑剔的顾客去渔民那里买鱼，他问渔夫有没有一些没有鱼刺的鱼卖，渔夫笑着回应说：“我不知道你是否结婚了，其实我更想卖你一条美人鱼。”

这些销售思维实际上都显示出了幽默的作用，通过幽默的表述，商家或者销售人员的语气并不那么生硬，他们所描述的内容也不再那么枯燥、乏味，整个对话过程充满了欢快的氛围，也让产品和服务变得更加有趣。

营销心理学专家马克博士认为：“如果客户认为某个人很有趣，那么就会相应地认为他卖出来的产品也一定很有趣。”这种心理联动机制并非只是个案，而是一种非常普遍的消费心理，就像一个态度恶劣的销售员，我们通常也会本能地厌恶他的产品一样。

所以销售人员必须设法考虑这样一个关键问题：“只有让消费者和客户喜欢上自己，他们才会喜欢上我的产品和服务。”

## 2. 用自嘲摧毁对方的防卫心理

如果我们决定讲故事，那么这个故事最好是发生在自己身上的，最好带有正能量，最好能够展示一个最完美的自己。我们可以任意给自己安排一个优秀的角色：一个伟大的冒险家，一个有头脑的商人，一个富有爱心的公益人士，或者也可以说自己在某个特殊经历中的顿悟。

整个故事所展示的核心思想无非就是“我很好”“我从某个东西中获得了帮助”，然后我们就可以名正言顺地卖出自己的产品了。但是有时候我们可能忽略了重要的一点：别人是否对我们的这些经历和故事感兴趣？是否愿意相信这些事情正如我们口中所说的一样？有时候，消费者或者客户对产品并不怀疑，但是却对卖产品的人不那么信任。

如果让一个人带着自己的医疗产品前往华尔街叫卖，大概会发生什么事情呢？有个团队特意干了这件事，结果在一阵猛烈的宣传攻势之后，产品根本卖不出去。原因就在于华尔街的那些股票经纪人、基金管理者、投资人都是非常精明的商人，他们的防卫心是最重的，有人想要将产品顺利卖给他们并不容易，尽管销售人员口口声声说这是世界上最先进的医疗设备，而且已进入欧洲各国王室。

接着这个团队邀请了一个著名的广告人重新进行策划，接下来，销售员的口号变成了这个样子：“我自然希望您能购买一些医疗器械，否则这些产品不是烂在欧洲各国王室，就是烂在我们手里。”经过简单的改变，这些医疗器械很快销售一空。

在这里，销售者前后两次都在努力讲一个好故事，都在重点突出自己的产品已销往欧洲各国王室，而这的确是一个不错的宣传。不过对于华尔街那些有身份、有地位、有资产的富豪来说，可不太容易相信那些满嘴说好的人。而一旦销售员变得更加谦卑，这种防备心就会大打折扣。在日常的交易活动中，往往都会如此，销售者必须懂得运用自嘲的方式来提升销售的成功率。

一位化妆品专卖店的经理在向顾客介绍自己的商品时这样说道："我总是在想是不是我们的产品实在太差劲了，店里面最近一个月遭了三次贼，但是除了取走一部电脑之外，货架上的产品竟然都没人动过。"

一位洗发水销售员是这样自我解嘲的："我有告诉过你吗？我真的是一个恋旧的人，我的女朋友当初就是用这款洗发水的，你相信吗？在过去几个月里，我每天都用这玩意儿洗头，尽管我的头发都快被我洗没了。"

一个卖手机的销售员这样介绍自己的产品："老实说，我现在有点讨厌这些手机了，如果它们的质量再稍微不靠谱一点，就像我当初买到的那些杂牌手机一样，那么我们的销量还会大幅度增加，因为大家都会想着买第二个、第三个。"

一个保险业务员说道："老实说，我也挺害怕这份工作的，太容易招人烦，所以在打扰你之前，我年迈的妈妈已经替我买好了一份保险。"

一个前来约见客户的人被拒绝后是这样说的："先生，真的谢谢你，在过去一个月的时间里，你是唯一一个愿意站在这儿听我说上5分钟的人。"

在这些话语中，销售者都通过自嘲来适当降低自己的存在，看上去是一种自我贬低，但是有些人可并不这么看。加州大学伯克利分校的乌苏拉和苏黎世大学的拉什曾经研究了70个心理学学生的心理，来衡量他们自嘲的能力，结果证明和支持了长期以来的一种看法：自嘲不仅是种独特的品质，而且和乐观的个性、良好的情绪有直接联系，是富有幽默感的基础。

自嘲通常会带来反向的结果，而这种反向刚好能够迎合消费者的心理。前面我们提到了消费者对于商家所提供的产品和服务总是抱着怀疑的态度，原因就在于一种普遍存在的社会心理——我们常常会反对那些看起来非常合理的东西。商家越是将自己的产品说得神乎其神，消费者就越是容易产生质疑。此外，销售员过分渲染自己的产品和服务，会给人一种高高在上的感觉。很多消费者认为当他们进入一些名牌专卖店或者奢侈品专卖店之后，往往会在销售员的疯狂攻势下产生这样一种感觉：如果我不购买这样的产品就会显得不够档次，且缺乏品位。

很多时候，销售员的确很容易摆出这样的一副姿态：你不购买我的产品，将会是一种损失，而且其他替代品与之相比相差很远。这种姿态很容易激怒消费者和客户，无论是出于怀疑还是抗拒心理，他们都不会轻易对销售员的话动心。

自嘲是一种非常谦卑和幽默的方式，它让整个故事变得趣味十足，而且消除了卖方咄咄逼人的攻击态势，表明的立场是：第一，“无论是好是坏，我只是想要将产品介绍给你，而不是卖给你”；第二，“你也许看不上我的产品或者也看不上我，但这是你应该了解的真相，而这些真相我原本可以选择隐藏”。

自嘲是一种以退为进的有效方式，毕竟很少有人会拿自己的产品和服务开玩笑，而一旦有人真的这么做了，反而会让人觉得对方具有真诚和自信的品质。

有家公司准备吸引股神巴菲特进行投资，当然他们也明白巴菲特眼光刁钻，可不会轻易掏出自己的钱包。有个项目负责人直接自告奋勇去说服巴菲特，并且一见面就这样说道："巴菲特先生，真不敢相信我竟然会找上门来，而且也不希望我的到来会打搅您的好心情。"

"听起来似乎不算是什么好消息。"巴菲特微微一笑。

"老实说，您已经是这个月第15个被我们这个没什么前途的公司骚扰的人。"

巴菲特饶有兴致地问："那你能说说前面14个人的故事吗？他们怎么样？"

"我不清楚，但他们都是非常聪明的人，也许问题出在我老板的身上，你知道他的星座与那些人完全不相配。"

没想到巴菲特听完这番话后哈哈大笑，并且留下这个负责人一起共进晚餐。饭后，巴菲特决定对这家公司进行投资，并且幽默地说："你知道，我也做过很多次糟糕的决定，有一半的投资都是以失败告终，但我仍然很享受这一切。"

这个负责人的高明之处就在于，他并没有想过能够成功从巴菲特这儿要到钱，或者说根本没打过巴菲特钱包的主意，而这是让巴菲特愿意放下戒心与之合作的原因。而且巴菲特也能够从那份自嘲中感受到负责人的真诚和自信。

营销学专家摩尔博士认为现在几乎所有的销售过程都是一种"美好"的展示，但是"美好"一旦泛滥，容易让人产生疑惑，而有时候反其道而行，拿自己开涮，反而会收到意想不到的营销效果。

## 3. 适当的夸张带来意想不到的效果

欧莱雅公司的女主管布莱恩女士有一次去外地出差，却不小心将自己带来的化妆品落在机场里，布莱恩女士只好去附近的化妆品店里购买一些暂时应付一下。

进店之后，一个非常帅气的小伙子接待了她，然后向她推荐了几款“明星”产品，布莱恩女士看了都不太满意，于是准备离开，并且决定素颜去见客户。这个时候，小伙子笑着拦住她，故意做出夸张的表情，并且“严肃”地说道：“亲爱的女士，在我看来，像您这样优雅的女人不买上一点化妆品锦上添花，那简直就是一种犯罪。当然，我见过不少拒绝犯罪的女士。”

布莱恩女士被小伙子略显夸张的言行给逗乐了，最终买下了一套化妆品。几个月后，她回到这家化妆品店，然后聘用了这个年轻的小伙子。

夸张往往也是幽默的一种方式，在艺术形式中，无论是小说、戏剧还是影视表演，往往都会运用夸张的表现手法来制造幽默效果，其目的是为了启发读者或听众的想象力，并加强所说的话的力量。

对于销售人员来说，指望用一些平淡无奇的语言或者口号达到销售目的，是难以引起顾客的注意的，他们必须让自己的行为看起来更加有趣，这种有趣并不仅仅在于自嘲或者说一些俏皮话，适当说一些夸张的话，可以让所描述的事情与现实发生一定程度的脱节，而这种脱节往往就会带来一定的幽默效果。

农场主C准备出售自己的牛，于是就找到农场主D进行谈判，在农场主D询问这些牛的健康问题时，农场主C拿出了牛群最近的体检报告，然后半开玩笑地说："嗯，我们的牛昨天在草场里大概跑了500英里，我想它们大概迫不及待地想要去您那儿享受新生活了。"

农场主D说："这些牛看起来都很健康，可是我还没想好该将它们安置在什么地方。"

农场主C笑着说："这正是你应该担心的问题，因为我们的一头牛大概一天会吃掉一个足球场那么大的草场。"

这一番话将农场主D完全逗乐了，所以农场主D立即决定买下这群牛。

在这里有必要重新去区分左脑和右脑的功能，正如本书前面所说的那样，左脑的功能在于理性地分析和判断，它追求的是数据的真实性，所以一旦产品出现的时候，左脑会对相关的参数进行分析和研究，试图找出其中的漏洞和缺陷。如果销售人员喋喋不休地讨论自己的产品有多好，并且乐于给出各种参数，那么可能会让顾客变得更加理性和谨慎，此时双方的关系也会变得很微妙——就像是谈判一样。

但夸张的言行则会在一定程度上破坏掉尽忠职守的左脑的工作，因为这种略显浮夸的表演以及不那么着调的语言，会混淆事实和真相，让左脑难以寻找到合适的突破点。就像顾客询问店家的生意最近好吗？老板如果说"我们昨天接待了175位客人"，顾客可能会动用左脑的分析功能，看一看这些数字是否值得信赖，是否有什么水分。但是老板如果说："你是说昨天吗？我想差不多挤进来100万人，我差不多都要疯了。"这种夸张的说法很容易打消顾客的疑惑和顾虑，将他们从严谨、冰冷、无情的理性思维拉到一个充满趣味的轻松氛围当中来。

多数销售人员所接受的工作理念就是这样：面对客户应该诚实。但是诚实并不意味着将所有真实的内容全部说出来。事实上，对于那些夸张的故事，顾客自有判断力，他们愿意相信这是对方一次充满善意的表演。这也是为什么顾客容易对“175位客人”耿耿于怀，却对“100万人”报以微笑。很显然，夸张的故事让产品的形象多了更多的张力，也让整个销售活动变得趣味十足。

那么销售人员该如何利用夸张的故事来活跃交易的氛围，又该如何成功吸引顾客的注意力呢？

### ——突出产品的某一特征

消费者非常在乎产品的价值和特性，而销售人员完全可以针对这些特性大做文章，通过夸张的方式来渲染这些特性的优点。比如销售人员在夸赞自己的SUV空间很大时，顾客可能会疑惑地问：“如果两个大胖子坐在里面会不会显得拥挤？”销售人员这时可以适当采取夸张的手法进行修饰：“不会，在上个月，我和同事一直想着是否要将新买的一头牛塞进车子里，然后送到乡下去。”

在这里，销售人员没有指出具体的尺寸，也没有使用诸如“这辆车的空间很大”“这辆车可以容纳好多人”这样毫无新意的句子，而是讲述了一个准备用车子送牛的夸张故事。事实上没人会真的将牛塞进轿车里去，或者说没有什么SUV可以塞进去一头牛，但是这种夸张的表达方式却凸显出了这款SUV空间大的特点，而且要远远比“它能容纳7个人”之类的话更有效果。

### ——强调购买的重要性、必要性

在所谓的交易过程中，销售人员的任务就是卖出自己的产品，所以他们必须努力说服对方购买自己的产品或者服务。通常情况下销售人员会强调顾客产品的功能，因为这和顾客在生活中的某些需求息息相关，不过一些优秀的销售人员会绕过产品的性能，直接强调购买产品的重要性和必要性。就像那个小伙子向布莱恩女士推荐自己的化妆品时，并没有强调自己的产品有多么好，而是夸张地强调了如果一个女人不懂得装扮，就像是犯罪一样。事实上，情况并没有那么严重，但布莱恩小姐被这种略显夸张的幽默表达给说服了。

将“不化妆”等同于“犯罪”，这种表达方式显然有些“离谱”，也过分夸大了“不化妆”“不购买化妆品”的后果，但其核心的思想完全可以被布莱恩女士所领悟，让她重新意识到购买化妆品的重要性和必要性。

对于消费者或客户来说，他们并不喜欢销售人员对自己施加类似于“你不购买这类产品不行”的压力，但销售人员用夸张的表现方式完全消除了强迫性的意味，也让整个说服的过程变得自然而俏皮，消费者也更加容易接受这种“建议”。

对于销售人员来说，他们必须掌握夸张的要领和技巧，主动去营造一种相对轻松愉快的氛围。与此同时，夸张的表达更容易激发人们的想象力，或者说更容易刺激消费者的右脑，并促使他们产生更多感性的想法和画面。这个时候，销售人员的说服力就会得到一定程度的增强。

## 4. 曲解：在扭曲中建立起的好印象

在市场经济体系下，卖产品和买产品的人既存在利益关系，同时也存在很大的矛盾。卖产品的人努力想要将自己的产品卖出去，就会千方百计对产品进行包装和掩饰，以追求更多的销量和更高的利润。在这种情况下，他们的宣传策略通常是这样的：我们的产品非常好。

而买家恰恰相反，他们更希望买到物美价廉的产品，与此同时，他们需要谨慎地选择每一个产品，努力找出各种瑕疵。谷歌公司市场部的一位负责人这样告诉我："顾客永远是贪婪的。"我不太清楚这句话是否会给他带来一些麻烦，但从这句话本身来说并没有任何错误，我想说顾客本身就是一些贪婪的人——他们总想要得到更多；总想要选择性价比最好的产品；总想着找到完美的产品，即便他们并不了解完美的定义，也不知道自己究竟需要什么，但是只要商家摆出一件商品，他们就有办法找出一大堆的理由证明这件产品不行。因此，商家永远不要指望自己从顾客那儿听到这样的话："你的产品真是太完美了，简直毫无瑕疵。"

多数情况下，顾客喜欢做的事情就是对着产品指指点点，在鸡蛋里挑骨头，然后又在骨头里挑刺儿。在这方面，商家或者销售人员永远处于理亏和"需要继续改进"的状态，即便商家一而再再而三地解释自己的产品没有任何缺陷，但越解释很可能越容易被质疑。而这难免会造成一系列的冲突：顾客使劲挑出毛病，而商家努力做出辩解，双方的分歧很快就会一点点扩大。

想要顺利解决这类问题，逃避并不是好的方法，但销售人员又要尽量避免陷入到解释的恶性循环当中去，这个时候，就可以选择一种比较另类的方法——曲解。所谓曲解是指在会话交际中，语言使用者为了达到某种交际目的，有意利用某种特殊的语境和对话中模糊的、不确定的表达方式，歪曲对方的话语意图。

在销售活动中，曲解是有效阻止顾客的质疑、转移顾客的责难、缓解买卖双方矛盾的重要方法，也是缓和分歧与活跃气氛的一个另类的技巧，它是故事行销中的一个重要的幽默元素。在很多场合下，曲解都在扮演“和事佬”的角色，能够有效缓解买卖双方的分歧和矛盾，将情绪对立的双方拉回到一个相对温和甚至是愉悦的氛围中展开对话。

曲解并不是胡乱地进行解读，也不是误解，曲解是一种比较高明的沟通方式，讲话的人通常具有明确的目标，也具有一定的技巧，善于运用幽默的故事来打破僵局、化解尴尬。而通常情况下，曲解在故事中的运用主要体现在以下三个方面：

### ——寻找一些不合理的理由

诺基亚公司曾经和三星公司针锋相对，双方在市场上缠斗不休，有个客户在谈判时故意问诺基亚的一位高管：“为什么你们的广告一再声称自己的产品要比其他对手的产品更好？”

这位高管幽默地回应说：“因为我们的宣传人员都是从对方那儿挖墙脚过来的。”

以“宣传人员是挖墙脚过来”的理由显然解释不了诺基亚自认为比三星更强这个问题，但是这位高管的话无形中化解了这个难以回答清楚的难题，而且给客户留下了幽默、大度的好印象。事实上，从技术角度来进行分析，诺基亚并未比三星强到哪里去，即便强行贬低自己的老对手，对诺基亚本身的形象也非常不利，而故意寻找一个算不上理由的理由来巧妙地敷衍过去，可以有效地提升客户的兴趣。

故意用“不靠谱”的理由进行解读，一方面可以有效转移话题，防止双方在某一问题上过多计较；另一方面，这种“错误”的解读方式可以制造额外的笑料，缓解双方的紧张气氛。所以尽管销售人员的回答看起来很不靠谱，但实际上却是非常聪明得体的表述，让对方无处挑刺儿。

**——字面意思的多重解读**

有个顾客在超市里挑苹果挑来挑去一直都不太满意，于是忍不住向售货员抱怨说：“你们的苹果似乎不够大，也不够红。”

售货员笑了笑说：“是啊，我们的苹果还打不了电话，今天早上我拨了一个小时，电话也没有拨通。”

在这里，销售人员没有对顾客的“意见”提出反驳，而是顺着对方的话说下去，并且故意灵活地将苹果说成苹果手机。这种曲解产生了很好的“笑”果，也缓解了原本紧张对立的情绪。通过对字面意思的曲解，可以避免对方在某些字眼上借题发挥，大做文章，同时这种故意误读的方式也可以有效缓解对方的怒气，防止顾客将注意力一直放在产品的那些“缺陷”上。

事实上，我见过一些非常不错的销售人员，他们非常善于从顾客的话中获得一些有益的教诲，一些人几乎时刻都绷紧“为上帝服务”的心弦，他们是最兢兢业业也最认真负责的那一部分人。不得不承认他们是很多顾客所喜欢的那一类人，聪明、真诚、谦逊、逆来顺受，几乎具备所有销售员该有的良好品质，有时候顾客会忍不住向他们抱怨产品的问题，或者提出一些稀奇古怪的问题，但是这往往会让他们感到为难，而且也在一定程度上影响了销售的业绩。

在这里，这些销售员所遭遇的问题在于他们必须在本职业务（销售产品）中，无法在服务顾客的同时消除与顾客之间的分歧，这种分歧往往集中在产品和服务上面。现在他们必须虚心接受并回答顾客提出的问题，同时必须想办法在产品不够完美的条件下努力去说服顾客掏钱。这种矛盾通常会让他们在销售过程中犯难，或者犯下一些错误。

正确地运用幽默的故事，刻意对可能存在的分歧和矛盾进行曲解，有助于顺畅地转移矛盾点，也有助于缓和双方的气氛。一个优秀的销售人员，一个善于讲故事的销售人员，往往明白自己与顾客之间的分歧是无法轻易消除的，但是却可以通过巧妙的手段进行转化，而这才是销售之道。事实上，这个世界上从来没有什么完全让人满意的产品，而消费者最终还是心甘情愿地买下了这些东西，这就是一种博弈，而销售人员所要做的就是将博弈的主动权牢牢抓在手中。

## 5. 打造一个轻松、有趣的故事

有家专卖店的营业额很差，所以邀请了沃尔玛超市的前顾问佩顿先生前来指导，佩顿先生在店里观察了一天之后，说了这样一番话：“我们应该意识到这样一点，消费者前来消费总是希望一切都在开开心心地度过的。”

店长说：“我们的服务一直都很好，而且提供最好的微笑服务。”

佩顿笑着回应说：“这只是一个方面，你们还需要做好一点，就是在销售过程中打造一个轻松有趣的故事。”

这家专卖店于是按照这个建议进行了改革，结果半年之后，销售额就翻了两倍。

佩顿先生说得没错，任何一个消费者前来消费，不仅仅希望获得更好的产品和服务，而且他们都希望带着开心愉悦的心情来享受这一切，或者说他们希望自己可以享受到消费所带来的一切愉快。虽然每一个进入店里的客户都不是保持同样的心态，有的人对产品充满了期待，有的人表现得很平和，有的人可能会情绪低落，而商家要做的就是不要让负面心态影响到自己的销售工作，不要因为消费者的情绪不佳而让整个销售工作变得死气沉沉。

如果说销售工作是尽量追求一种能够引起情感共鸣的心理游戏，那么在这个心理游戏中，无论消费者保持怎样的心态和情绪，无论他们的脸上呈现出何种表情，商家所要做的都是让消费者按照自己的节奏和情感融入到消费的过程当中去。所以打造一个有趣味的故事非常重要，它可以直接增加故事的魅力值。

我们处在一个市场供过于求、信息膨胀的时代，顾客对于产品的需求不仅仅停留在消费层面上，他们更加需要在消费中满足自我实现的要求，更加需要通过消费这个过程来获得精神上的愉快体验。而故事恰恰是一个娱乐、引导、告知、说服的最佳工具，娱乐性就是故事的一个基本要素，因此任何一个故事都不要忽视了它的娱乐性。商家永远不要忘记一点：消费品既然是生活中的一部分，那么就要让它们成为提升生活愉悦感的一部分。

那么该如何设计出一个有趣的故事呢？什么样的故事才称得上轻松、有趣？

### ——有关产品的奇闻趣事

多数时候，有关产品的行销故事要么充满感情，要么就是一些比较严肃的话题，原因就在于多数商家都将自己的销售工作看得太过正式，他们总是希望以一种比较正式的话题来说服消费者或顾客。这样一来，故事就会被束缚在一些特定的框架之内，所说的话题无非就是创业者的成功故事、产品被客户看重的故事、产品在生产过程中的挫折和经历等少数正规话题。

这就像电影大师斯皮尔伯格所说的那样：“给你一只老鼠，你能将它拍摄成一部怎样的电影？”如果让我们描述一个有关老鼠的故事，那么多数人都会拍摄一个纪录片，讲述某只老鼠或者某个老鼠家族的故事，或者是人鼠大战的恐怖片，又或者说我们会重点讲述老鼠和人的一些温情故事。但很少有人会想到拍摄“老鼠奇遇记”之类的题材，也不会有人像制作米老鼠一样来设计出如此轻松、有趣的电影故事。

斯皮尔伯格的提问实际上就指出了当下行销故事千篇一律且缺乏活力的事实，可以说多数行销故事都被束缚了，很多商家和销售人员忘记了自己还可以说出一个更加有趣的故事，可以针对产品说一些闻所未闻的新鲜故事。

有家镜子公司在讲述自家的产品时，提到了公司仓库里的两只老鼠，它们每天都会撕破镜子外面的包装纸，然后对着镜子时而跑来跑去，时而立在那儿一动不动地看着自己。有一次，有人去提货，结果发现那两只老鼠傻乎乎地看着镜子发呆，直到工作人员抬走那面镜子，它们才警觉地跑开。

这样的故事是不是杜撰的，消费者可能并不那么关心，重要的是，公司在销售和宣传的过程中讲述了一个非常有趣的故事，虽然故事中根本没有任何一句话提到消费者，却通过一个有趣的故事来描述老鼠对镜子的着迷，从而间接衬托出了镜子的魔力。重要的是，这个让人感到不可思议的小故事往往可以让消费者的心情得到放松。

### ——讥讽产生的喜剧效果

现在苹果和三星手机都被曝光了电池爆炸事件，这让它们损失了一部分消费者，尤其是三星公司，几乎遭遇了最近十年最大的滑铁卢。而一家手机制造商则趁机推出了自己的产品，它的员工每天都会对顾客说这样一句话：“我们的手机既挡不了子弹，但也不会炸伤自己，更不会上不了飞机。”

这个行销故事充满了讽刺意味，将三星手机挡住子弹和因为电池爆炸而不允许登机的事件进行了奚落，结果产生了非常好的效果，使得整个销售过程变得趣味十足。另外一家手机制造商同样获得了灵感，他们的说法是这样的："今天早上有个客户告诉我说，你们的手机不太好，我左思右想才得出一个答案，原来我们的手机还没有设计爆破功能。"

讥讽是很多商家都会运用的竞争策略，而在此基础上的行销故事往往也会兼具一些杀伤力和趣味性，确保故事本身就充满吸引力，不仅可以有效地缓和销售的氛围，还能够突出产品的性能优势。事实上，这种讥讽并不都是充满恶意的，有些则接近恶搞，目的就是为了突出产品的性能，从而引起消费者的关注，同时也希望给消费者制造一个更有趣的话题，以此来为自己的产品销售提供帮助。

对于一个具有讽刺意味的故事来说，通常都能够产生喜剧效果，不过这种讽刺不能过度，不能显得太过深沉，或者不能针对一些过于沉重的话题，这样就可以有效避免整个话题的格调变得太过沉重和严肃，避免整个故事丧失轻松有趣的风格。

### ——对产品进行拟人化处理

我们知道拟人化的修辞手法在行销故事中经常被用到，而对产品进行拟人化处理则是一个确保故事趣味性的关键方法。比如有的蛋糕店会这样说："昨天晚上，这个小东西（蛋糕）托梦给我了，告诉我说，今天早上有人要来店里领养它了，果不其然，你一大早就出现在这儿了。"

"哦，孩子们，你们一会儿吃生日蛋糕的时候，可要好好对待它，千万不要将它摔在地上或者扣在头上，否则它会哭的。"

"老实说，我已经养不起它了，这个败家的东西每天不干活，还要像一尊佛一样坐在那儿，让我恭恭敬敬地伺候着。在昨天，我们之间至少吵了8次。"

这些故事其实都是经过拟人化处理的，产品在这个时候不仅仅是构成故事的一个道具，更是一个具有情感和思维的主角，因此它让整个故事变得更有活力、更有趣味。

除了以上几种类型之外，商家也可以通过其他方式来打造趣味性十足的故事，比如有的商家会将产品变成一首歌，通过演唱的方式来讲故事，这些都是非常不错的方法，也会活跃销售的氛围。

No story, no selling

Chapter 9

# 说话的效率：不可或缺的小技巧

销售不仅仅是“将所有的信息说给别人听”，还要思考一下对方是否能够听得懂这些信息，相比而言，别人能否接受和理解这些信息才是最重要的。

# 1. 成功的销售从好的谈话方式开始

立普顿红茶的创始人立普顿先生原本是一个农夫，热衷于做生意的他后来开了一家食品批发店。有一年圣诞节前，立普顿想要趁着节日氛围出售一批奶酪。为了提高销售量，他从欧美的传统习俗中获得了灵感，按照欧美习俗，如果谁在圣诞节前后吃的苹果中有一枚6便士的铜币，那么这个人在接下来的一整年时间里都会好运连连。而立普顿则立即想出了一个类似的销售方法，就是在每50块奶酪中选择一块装进一枚金币，并且将这件事告诉每一个前来购买奶酪的顾客。

正因为听到了奶酪中有金币的故事，很多人都慕名前来购买奶酪，立普顿的批发店每天都人满为患，而这样引起了同行们的不满。接下来的几天时间里，他们纷纷联名向有关部门进行举报，认为立普顿的批发店可能存在赌博嫌疑。

警察们不得不上门进行干涉，要求立普顿立即更改自己的销售故事，不得以赌博的形式误导消费者。立普顿照办了，他开始换一种方式告知那些顾客："亲爱的顾客，谢谢你品尝我的奶酪，如果你发现了其中含有金币的话，请立即归还，谢谢你的合作。"结果这个故事又一传十十传百，那些原先不相信有金币的人更加积极地涌入店中。这一次警察也觉得这不过是立普顿店里举办的一次娱乐活动，根本不是什么赌博，所以决定不予追究。不过同行们仍然不愿意就此放过他，于是他们又以存在安全隐患为由，要求相关部门取缔这种促销活动，以免造成混乱。警方迫于压力，只好再次进行干涉。

立普顿毫不慌张，而是对每一个前来光顾的人说："由于警察又有了新的指令，所以请你在食用立普顿奶酪的时候，注意里面的金币，不可匆忙食用，务必要小心谨慎，以免误吞金币造成危险。"很显然，当警察也开始发布指令，这就证明了奶酪中真的有金币，所以消费者的购买热情更加高涨了。

在这个案例中，立普顿通过讲述在奶酪中加入金币的故事来吸引顾客，并且取得了很不错的行销效果。而更重要的是，在面对各种干扰时，他能够出色地进行调整，一步步将自己的故事宣传得更加到位、更加彻底，从而强化了金币就在奶酪中的印象。消费者在一次次的故事宣传和引导下，对奶酪的兴趣越来越大，对故事也越来越感兴趣，因此愿意尽快购买奶酪来试试运气。

立普顿的应变能力以及说话能力着实令人惊叹，可以一次比一次讲述出更加精彩的故事，而这实际上体现出了一个最基本的道理：成功的销售往往是从出色的谈话技巧开始的，谈话者讲故事的能力、说话的方式决定了销售的效率。

在销售过程中，很多人不知道如何谈话，也无法掌握一些基本的谈话技巧，结果往往将整个故事搞砸。事实上在讲述同样一件事、同样一个产品时，由于谈话水平的差异，故事的差异性也会很大，效果也会出现天壤之别。

有家品牌店的店长这样告诉上门的顾客："在过去的十年，我们拥有世界上同类产品中最出色的销量，可以说我们已经无所畏惧，没有人能够对我们的销量造成威胁，而我相信这就是我们的产品能够吸引像你这样的顾客来这儿消费的原因。"

在这个店长看来，商店的成功是自己的独特优势和实力造就的，而这种实力足以吸引更多人的关注。乍听起来没什么不妥，可是商家却显得有些自大，而且有些目中无人，至少他忽略了消费者在品牌成长和壮大过程中扮演的角色，以及所提供的巨大的帮助。

而品牌店的销售员则这样展开自己的行销故事："在过去的十年，真的谢谢每一位支持我们的客户，我知道有很多人都是老客户了，我昨天还接待了一位超级会员，他在我们这家店开张的时候，就已经在这里消费了。无论如何，我们有今天的地位和市场，都是你们这些新老客户的功劳，对于你们今天还能来店里捧场，我们真心表示感谢。"

虽然同样是在夸赞商店的生意越来越好，但是销售员的讲述方向并不是谈论自身的强大所带来的品牌影响力，而是讲述了消费者对于商店的信任和产品的信任，才成就了公司的品牌形象和影响力。很明显，销售员的故事说得更为得体、更加让人感到舒服，至少在整个谈话中，消费者感觉到了自己的作用以及存在感，也因为自己的消费和付出而获得了更多的尊重。

通常情况下，一个题材可以讲述好几种故事，而且每一个故事也可以用不同的方式来演绎和表达。除了故事的方向和内容可能出现偏差之外，有时候不合理的措辞就会造成整个故事的魅力值下降，甚至会造成消费者的反感。因此商家在销售过程中一定要注意自己的措辞，一定要确保自己的故事在展示产品价值的同时，不会给消费者带来任何不舒服的感觉，并且最好还能够有效调动消费者的情感。

比如在销售过程中，有的商家会这样说："你是所有客户中最难缠的一个，我在过去几年时间里，受到了各种挫折，有一次我还被客户堵在门外不让进去，不过我最终还是成功说服了他。而你是唯一一个让我感到有挫败感的人，但也是我最尊敬的对手。"这句话中，商家讲述了自己过去的经历，以此来表示这个客户非常难缠，不好做生意。表面上听起来像是在抱怨和批评，但实际上却是一种赞美，在这句话的结尾，商家对给自己带来挫折感的客户表达了崇高的敬意。

但是如果没有最后那一句话，那么故事所要传达的意思以及性质就全变了，客户会认为讲故事的人对自己有怨言，而这很可能会引起双方的误解和冲突。如果将整个故事中的关键进行改变，或者颠倒一下顺序："你是所有客户中最让我感到不舒服的一位，要知道在过去几年时间里，我虽然也遭遇了各种挫折，还被人堵在外面不让见面，但从没像现在这样失落。你是一个值得尊敬的对手，但是你让我备感挫折。"这样的表态同样不会让客户感到开心，他们一定觉得你的成见很深。

这是一个最常见的现象，很多商家都会在顾客和客户面前犯下类似的错误，而实际上他们原本或许根本不是想要表达这样的意思，只不过由于表达得不够清楚，由于谈话的水平和技巧不高，于是不可避免地产生了歧义，并且对销售造成了负面影响。正因为如此，商家在掌握好的故事素材之后，并不意味着就能获得成功，而一定要懂得如何合理地组织自己的语言，确保整个故事所要传达的理念能够迎合消费者的想法和需求。

## 2. 专业术语会吓跑客户

IBM公司前总裁郭士纳先生有一次去英国出差，当时他经过一家IBM公司的电脑销售店，于是决定进去看看。店员很亲切地接待了他，然后问他是否要购买电脑，郭士纳并没有表明自己的身份，而是在店员的引导下在店内观察起来。店员并不认识他，以为对方是一个普通的顾客，于是努力想办法推荐自己的一款新电脑。

在介绍产品的过程中，口齿伶俐的店员一口气说出了新电脑中的十项新技术，还津津有味地谈论起了那些顾客来店里面挑选电脑时的情景。店员的业务非常熟练，但是有一个毛病，那就是技术性的语言太多，很多都是一些非常专业化的介绍，尤其是电脑的配置以及一些新技术的解释。

郭士纳自然能够听懂这一切，可是对于普通的消费者来说，他们是否也可以理解店员所说的话呢？是否可以理解那些新技术、新名词呢？郭士纳听完介绍之后一直摇头，然后反问这位兢兢业业的店员：“小姐，你能否说得再具体而简单一些？老实说，你说的那些名词我一个也没听过，所以当你说完这一番话后，我对你的产品仍旧一无所知。”店员僵在那儿不知道该如何说话了。

离开之后，郭士纳迅速下达了文件，要求每一个店员都必须更贴合消费者的实际情况，新技术要讲出一个让消费者听得懂的理由，而不是说一堆无法理解的数据或专业术语。而在这个文件下达之后，IBM公司当月的新电脑销售量获得了5%的增长。

国内某知名品牌的老总在一次企业家论坛会上，就谈到了销售问题："我不希望故事是死气沉沉的，也不希望整个故事像一本枯燥的技术说明书，或者像一次正式的官方交流。我们的产品最终是要卖给顾客的，顾客们能够理解我们的想法和理念，能够对产品有更深的理解，产品才能赢得市场。"

其实专业术语的过度充斥已经成为销售活动中的常态，也成为很多企业在销售过程中亟须解决的一个大问题。在很多企业、商家以及销售员心里，往往存在一个误区，他们会习惯性地认为自己一旦在销售过程中说出更多的专业术语，就可以证明自己更加专业，就可以证明自己的产品更经得起推敲。他们会觉得消费者乐于听到一些更为专业的词，或者会对这些专业术语产生更多的信任感。

这种想法并非毫无道理，但是在多数时候只会弄巧成拙，毕竟多数消费者并不需要通过一个自己也没有办法理解的"高级词汇"或者"专业词汇"来分析和辨别产品是否合用。一旦他们无法理解销售人员的故事说了什么，就可能会产生更多的不信任感。事实上，真正的好故事并不需要专业术语来提升档次，过多的专业术语会让销售人员和消费者之间产生更多的疏离感，而且也会破坏故事的吸引力。

对于销售人员来说，千万不要忽略了故事的一些基本特点，这些特点是整个故事得以产生行销作用的关键。

### ——通俗的表达

为了方便传播，故事的一个最大特点就是通俗易懂，而行销故事更应该如此，故事的主题要非常鲜明，故事的内容则要通俗。这种通俗的风格并不一定是枯燥的，且没有任何情节波动的表述，但一定是方便别人进行理解的。专业性的、技术性的术语通常是商家和企业的强项，但多数消费者并不了解这些，也不知道这些术语究竟在表达什么。他们真正在乎的是自己能够听懂产品究竟有什么用，真正在乎的是这些故事究竟说了什么，所以商家如果能够以一种更加直白的方式来解释产品的性能以及其他相关信息，那么反而更容易打动消费者。

通常情况下，消费者并不了解ISO9001指的是什么，不清楚等离子技术到底是什么东西，也不知道运放（运算放大器）和IC（集成电路）代表着什么。过多的专业术语会增加消费者的疑惑，也会破坏他们对于产品的认识，而这对于整个销售活动显然不利。比如OPPO手机近年来推出了VOOC闪充技术，这个技术的原理在于利用低压充电原理，实现快速充电。可是当销售人员在市场上推出这款新技术手机时，很多消费者表示怀疑，他们根本不了解什么是VOOC闪充技术，也不知道这个技术到底有什么效果。尽管销售人员一次次解释这个充电技术的原理，并且说了很多故事来进行解释，但消费者始终犹豫不决。后来有人想出了一个办法，那就是进行技术转化，将技术性的专业术语转化成更为简单直白的话，这就是后来那句经典的行销广告语：“充电5分钟，通话2小时。”相比之下，消费者一下子就意识到了VOOC闪充技术的优势和性能，他们也立即对这种闪充技术产生了兴趣。

**——充满娱乐性**

故事本身就带有一定的娱乐性，故事的语言和内容时而活泼，时而低沉，时而感情充沛，时而内涵丰富，无论是哪一种故事，开心的或者忧伤的，它所表现呈现出来的都是一种娱乐效果。一旦过于严谨，故事的趣味性和娱乐性就被打破了，故事也就失去了自身所具备的那些魅力。

专业性的话语太多，往往就会阻塞故事的流畅性，因为故事是依靠通俗的、幽默的、活泼的、情感化的语言来推动的，整个故事的发展都是建立在简单的、有弹性的语言基础上的，而专业性的术语太过生硬，它们更适合出现在一些官方的、正式的、严谨的重要文件中，适合出现在一些正式场合，而不是故事里面。

这就像是写书一样，叙事性比较强的小说通常有着比较直白的语言，这些语言能够推动剧情向前发展，也会引导读者一步步进入角色和剧情当中，所以小说才会显示出它的趣味性和可读性。而专业性术语太多的话，文体就会变成说明文，此时所有的内在构思和语言组织都是为了突出那些知识点，而不存在所谓的剧情和故事性。行销故事应该尽量避免落入说明文的范畴，应该尽量避免成为口头上的产品说明书。

其实，任何一个行销故事的目的都是为了让顾客更好地理解自己的产品以及产品设计的理念，这是企业成功销售的关键。所以商家或者企业不要总是按照自己的理解去做销售，不要总是按照自己的思维去做销售，而应该想一想消费者是否能够接受这些销售方法，能否听懂自己说了些什么，这些其实才是最重要的。销售不仅仅是“将所有的信息说给别人听”，还要思考一下对方是否能够听得懂这些信息，相比而言，别人能否接受和理解这些信息才是最重要的。

## 3. 不是强迫而是引导

“你应该购买我们的产品”“我相信，你已经找不到更好的选择了”“我想不出你有什么拒绝的理由”“如果我们的产品还不能让你满意，那么我只能说真的很遗憾”“如果你想成为××人，就一定要拥有它”。

商家经常会在销售过程中抛出上面这些话，而这些话听起来往往不怎么让人舒服，至少消费者的心理阴影面积绝对不会小。很显然，商家的话显得太过绝对，并且具有一定的强迫意味，就像是如果消费者不按照要求行事或者不购买商家的产品，就显得不合理或者会产生什么不好的影响一样，而这通常会让消费者感到不爽。

消费者通常都希望自己能够把握消费的主动权，尽管他们也希望商家或销售人员能够提供一些合理的建议，能够给予一些必要的指导，但绝对不是干涉和主宰。尤其是鉴于消费者拥有自己的审美观和消费观，他们在多数情况下都更加希望能够自己做出选择，能够依靠自己来选择消费什么以及如何消费。

从这一个方面来说，在整个消费过程中，消费者会认为自己实际上才是最重要的角色，才是那个真正掌握主动权的人，而商家或销售人员则应该退居到一个辅助者的位置上，即便他们是交易活动中的另一方。因此，消费者不允许商家对自己的品位说三道四，也不允许他们过度干涉自己的选择。

了解了消费者这种消费心理，商家或销售人员在推销自己的产品时就必须注意自己讲故事时的谈话方式了，他们必须对此做出调整，而且倾向性也很明显，那就是主动迎合消费者的心理，然后采取引导的方式，让消费者慢慢接受自己的建议或者意见。

美国一家男性牛仔裤专卖店打出了“让男人更有魅力”的口号，每次接待进入店中的顾客，店员就会殷勤地迎上去，然后告诉顾客：“在过去的一百天里，每天都有几百万男人穿着这样的牛仔裤，如果你是男人，就穿上这条裤子。”

这个行销故事从内容和形式上来说非常棒，让产品形象变得更加鲜明突出，也让产品的定位获得了很大的提升。但是问题同样很突出，那就是讲故事的语气过于绝对，讲故事的风格也过于绝对，这让很多消费者受不了。有人开始在网上发起抵制这家牛仔裤的运动，他们觉得自己被商家进行性别绑架了，“如果我不穿他们的裤子，是不是意味着我就不是一个男人了？”最后，在舆论的讨伐下，这家专卖店不得不做出整改，不再用那种绝对化的语言来博取眼球，更不会对消费者的自由选择权进行绑架。

同样的情况出现在俄罗斯的一家电影公司，有一部电影准备开播上映时，制片方为了博取眼球，于是对影迷说了这样一番话：“现在我们的电影已经开始上映了，这部电影我让很多专业的电影人士和专业的影迷看过，他们的反响特别好。昨天他们告诉我一句话，而现在我可以底气十足地将这句话说给你们听——‘只有傻瓜才不会购买我们的电影票’。”

制片方的初衷是为了宣传电影，为了鼓励和吸引更多的影迷进入影院捧场，但是却在不经意中将整个故事变成了一种强迫性的推销手段。接下来，影迷们是不是应该自觉地购买电影票呢？毕竟谁也不想成为傻瓜。但事实上，那一天电影上映后，电影票房遇冷，之后的十天里，这部电影遭到了多数影迷的抵制，电影的最终票房竟然还不到成本的三分之一。

这就是强迫性语言带来的恶性结果，在很多时候，它会激发消费者的抵触情绪和逆反心理，哪怕产品真的非常出色，但是消费者也可能会对此表现得冷漠或者愤怒。无论如何，商家以及销售人员都必须重新定位自己的角色，必须认真设计自己的故事，他们也必须明白自己的主要目的是将产品卖出去，但是买产品的主动权在消费者手里，只要他们对产品不满意，那么销售活动就无法顺利展开，也无法顺利完成。因此商家必须改变过去那种以自己为中心的思维，要将强迫性的思维转变为引导性的思维，这样才有机会真正说服消费者购买产品。

一个好的行销故事应该侧重引导功能，这种引导首先是直接的语言提示，比如商家可以直接告诉消费者："你可以尝试着体验一下我们的产品""你可以将你喜欢的产品与我推荐的这款产品分别试一试，看看到底哪一款更适合你""就我个人而言，还是建议你购买这一款产品，看起来更搭一些，当然决定权在你那儿" "我觉得这款产品就像是为你量身打造的"……

这些充满诱导性的话实际上保持着很大的弹性，商家既没有将话说死，也没有完全让消费者自作主张，而是给予消费者一些建议和提示，从而让消费者在坚持自己消费理念的同时，可以慢慢向商家推荐的产品靠拢。

除了直接进行提示和建议之外，更多时候，商家会通过故事来进行暗示性的引导，简单来说，就是在故事中加入一些案例或者证据来证明这些产品是值得购买的，来证明自己推荐的产品根本没有任何不妥。

比如最常见的就是这样的故事："其他产品也不错，不过顾客通常来店里都会选择这一款产品。前几天，有三个年轻人一进门就都相中了这款产品，结果当时只剩下一款了，三个人差点没吵起来，所以昨天我们特意多拿了几款。”

通过商家的描述，消费者能够感受到这款产品受欢迎的程度，因此也会慢慢产生一些兴趣，而这时候，商家就可以更好地利用这些心理进一步发动攻势，彻底说服消费者。

有时候，商家或销售人员也会暗示消费者多听一听他人的意见和建议，而实际上就是暗示对方要听一听商家的建议，这种情况经常发生在一些装扮类的商品销售活动中。比如很多人买衣服的时候常常拿不定主意，不知道自己穿上这件衣服是否得体。针对这种情况，商家或销售人员最好不要直接说：“这件衣服挺好看的，除了这一件，其他衣服穿起来都不适合。”而应该巧妙地引入第三者的评价，并将这种评价和自己的观点结合起来。

“其实，每个人的想法和审美都是不一样的，反正衣服穿出来都是被人看的，只要别人觉得你的衣服还不错，那就可以了。上次有一个姑娘从我这儿挑走一件衣服，她自己觉得很不错，但是朋友都说不好，所以第二天她又跑过来换了一件，然后我给她推荐了现在这款衣服，虽然她自己觉得这种款式不太好看，但她穿上去之后，发到微信朋友圈里，朋友都觉得非常合身，所以最后还是买下了它。”

在这个故事中，商家并没有过分强调自己的观点，也没有称赞自己的眼光，但是却成功引入了第三方的评价，并通过这些评价来暗示自己推荐的产品很靠谱，很受欢迎，这样就可以避免正面的说教，也会让消费者产生一个想法：既然别人都说好，那么我就没有必要坚持己见了。

这种暗示往往比直接告诉消费者该选择哪一款产品更加有效，它可以真正从心理上影响消费者的判断力和审美观点，从而影响他们的消费行为。

当然，无论是直接进行提示，还是选择用一些含蓄的方法进行暗示，本质上还是希望将消费者纳入到商家自己的思维模式当中来，还是希望让消费者可以按照自己预先设定的消费模式来做。从这一点来说，商家必须采取以退为进的方法和原则慢慢进行引导，只有这样，才能够真正将产品销售出去。

# 4. 赞美的妙处

我的老师是一个很会讲故事的人，重要的是她总会在故事中给予我们更多的赞美和认可，“我曾经遇见过一个人，他的脑子很聪明，为人勤奋……简直和你一样出色。”“我教过一些很调皮的学生，他们似乎总是处于一种无目标、无理想的状态，而你则不同。”“我昨天已经被这些学生气疯了，竟然没有一个人可以好好回答这些问题，但我觉得明天你会带给我一些惊喜。”

正因为这些恰到好处的赞美，总会让我对老师的话认真遵守，这不仅仅是单纯的情绪上的引导，更重要的是，我会立即意识到自己必须对老师的赞美负责，必须对这些赞美做出一个更加积极的回应。

心理学家经过研究发现了一个特殊的心理现象：一旦我们做了某个决定，或选择了某一种立场，常常就会面对来自个人和外部的压力，这些压力迫使我们接下来的言行与之前的所作所为保持一致，我们会不自觉地采取某种行为来证明自己之前的决策是正确的，也是很有必要的。

这一点在销售互动中尤为常见。对于那些卖衣服的售货员来说，他们通常会从旁仔细观察每一个顾客进店后的反应，观察他们喜欢什么衣服，或者对什么衣服感兴趣。之后售货员会赞美他们的穿着和品位，并怂恿顾客试穿一下。接受赞美之后的顾客往往会产生一些愉悦的感觉，并且对产品产生更多的期待和兴趣。这个时候他们会认同和接受商家的看法，也会站在商家的角度和立场看待衣服，或者直接产生“我要购买这件衣服”的冲动，而迫于这种压力，他们在之后所做的决定一定会尽量与之前的决定或者想法保持一致。

这就是承诺一致原理的一种体现。在意大利，过去的很多销售员都谨记这样一个古老的销售方法，当顾客对某件衣服表现出一些兴趣时，售货员首先要做的就是及时建议对方穿上衣服试一试。而接下来，售货员会对这样的装扮大肆赞美一番，并刻意安排一个画家为试穿者绘制素描。等到顾客真的脱下衣服后，实际上已经对这件衣服产生了好感，并且很多人都愿意遵守自己穿上衣服的承诺而购买这件衣服。事实上，在这件衣服得以成功出售，或者在承诺一致性得以建立起来的过程中，有一个关键因素，那就是赞美，赞美是让消费者穿上衣服的关键，也是让他们在穿上衣服后产生审美观念的关键。

从这一方面来说，赞美实际上就是一种寻求承诺的方式，商家通过及时的赞美，能够有效调动消费者的情绪，促使他们直接下定决心购买某件衣服。事实上，在多数时候，当消费者看重某一款产品的时候，所谓的想要购买仅仅只是一种冲动、一种设想，还没有变成具体的行动，而赞美则会加速这个设想走向实践的过程。正因为如此，商家一定要在故事行销中加入赞美性的话，要让整个故事尽量朝着赞美和认可顾客审美观念的方向前进。

通常情况下，这些赞美可以以多种方式呈现出来：

### ——直接赞美

直接赞美是商家惯用的手段，通常情况下，消费者会在第一时间看中某一款产品。这个时候，商家不要急着去推荐什么，而是对消费者的选择进行赞美，这种赞美既可以拉近彼此之间的关系，实际上还可以确保消费者对自己的选择做出进一步的承诺。如果消费者没有拿定主意，或者没有什么明确的选择目标，那么商家可以重点赞美消费者的外形或者特质，并且想方设法将这些优点与自己所要推荐的产品结合起来，从而一步步引诱消费者做出消费的选择。

在直接赞美的过程中，商家的故事不用太复杂，只要能够在故事中直接对消费者进行夸赞，那么就可以有效拉拢他们。“我们的产品经过了多年的市场认证，从一开始就是为这样的人量身打造的，尤其是你这样的顾客，各个方面的条件非常突出，非常适合我们的这款产品。老实说，我非常希望能够像你一样，这样就不用再担心自己应该买点什么了。”

直接赞美通常是将消费者的优点和优势纳入到故事体系当中去，并通过可行的语言表现出来，从而赢得消费者的欢心。

### ——对比性的赞美

所谓对比性赞美，实际上是指商家在赞美顾客的同时，会选择一个反面的案例进行讲解和衬托，以此来证明顾客的眼光和品位是正确的且不同凡响，证明某件产品和顾客非常契合，可以为顾客带来很多积极正面的影响。

“我见过不少像你一样身材的人，但是她们都没有好好选衣服，我上次见到一个身材很苗条的人，却非要到我这里来购买那些宽大的衣服和裙子，我觉得她的好身材完全被浪费掉了。而你不一样，你的选择和自己的身材完美搭配，看上去让人觉得赏心悦目，可以说这件衣服在你身上是为好身材加分的。”

或者说：“我见过一些人也穿同样款式的衣服，老实说，她们的身材还算不错，穿上衣服也很得体，不过，当我看到你穿上这件衣服后，才发现她们的穿衣风格并不成功，你才是那个最能穿出味道的人，这件衣服也只有你才能够穿出那种独特的魅力。”

通过在故事中加入对比，会形成比较强烈的对比性反差，消费者通过对那些失败案例的了解，会更加意识到自己的选择是对的，所以她们往往会对这份赞美表现出一些感性的认识，并很容易在赞美声中决定购买商家推荐的产品。

对比性赞美往往可以最大化地满足消费者的心理需求和一些虚荣心，因为人都是群体动物，他们通常都比较在意自己是否比周边的人更好，而这种对比实际上能够给予他们更准确的自我定位和信心。

对于消费者来说，无论是直接在故事中给予赞美，还是进行一些对比性的赞美，实际上都可以更好地迎合他们的心理需求，能够更好地让他们感受到自己的审美观念和品位，而这些无疑会刺激他们消费的信心和冲动。

## 5. 货比三家先从销售方开始

消费者在购买商品之前，通常都喜欢货比三家，喜欢在各种不同品牌的产品之间寻找差异，并以此来做出最佳的选择。这种自由选择的权力往往会让商家感到为难，一方面他们不得不尊重消费者的自主选择权，另一方面又非常担心消费者一旦离开商店后，就可能被其他品牌的产品所引诱，而且这种担忧并非毫无道理。

心理学家威克斯特博士曾经做过一项调查，发现那些喜欢对产品进行比较的顾客表面上非常挑剔，但实际上却常常意气用事。当他们在A商店中购买某个产品时，会告诉店家，自己对产品的质量和价格不太满意，他觉得其他店面或者其他品牌的产品一定会拥有更高的性价比。但是一旦他们离开A商店后，通常都不会再回到A商店中，即便他们在B商店和C商店中所接触的产品性价比更低，他们也不太可能再次回到A商店中。

货比三家通常只是一个“寻找下家”的游戏，消费者一旦觉得某个品牌的产品不行，他们通常的想法是找一个更好的进行对比，而由于之前拒绝了第一个品牌，他们不太可能对此做出承诺，因此不太容易重新返回去购买第一个品牌的产品。

在面对这种情况的时候，潜在的客户流失量比较大，而为了避免经常出现这种状况，为了尽可能地减少客户的离开，商家和销售人员必须想办法留住客户，必须有效抑制客户经常对比的冲动。那么如何进行抑制呢？最直接的方法就是主动进行对比，通过合理的故事，通过巧妙的语言，将自己的产品与别人的产品进行对比，从而显示出自己的优势所在。

也就是说商家必须想办法让消费者意识到自己的产品比其他品牌的产品更好，而这需要一定的技巧，只有把握好讲故事的技巧，才能让自己的产品在故事中脱颖而出，并且让消费者死心塌地地留在店里，而不会对其他产品产生什么幻想。

百事可乐与可口可乐如今已经成为势均力敌的对手，但是在过去很长一段时间内，百事可乐都处于下风，但是百事可乐却总是能够聪明地转化自己的劣势。比如在20世纪70年代，百事可乐在走投无路之下，准备开辟苏联市场（可口可乐已经占据了大多数西方国家的市场以及资本主义制度国家的市场），实际上这个时候百事可乐是处于劣势的，但是当顾客们提到“百事可乐有什么好喝的”，或者认为“百事可乐肯定不如可口可乐那么好喝”时，百事可乐的员工想出了一个好办法，他们对顾客讲述了公司开辟苏联市场的故事，然后反问顾客说：“你觉得可口可乐有没有那种魅力来吸引苏联人，你觉得它们能否改变那些共产主义者的口味？”

在这些销售员的口中，百事可乐成为一款口感和魅力十足的饮料，它不仅能够吸引美国人，还能够让苏联人放下敌对态度来享受美味，这样就足以显示出百事可乐的非同凡响。很显然，很多走进超市购买百事可乐的人再也不会想着去购买可口可乐了。

百事可乐巧妙地利用开拓苏联市场的时机，在销售中另辟蹊径，寻找到了自身的优势，并巧妙地用这个故事来制造反差，从而突出了自身的实力与魅力，避免消费者继续将它与可口可乐进行对比。

同样的事情也发生在一家名为“艾克丽”的牛仔裤品牌商身上。艾克丽作为一家名不见经传的牛仔裤品牌，想要在纽约皇后区与那些世界闻名的牛仔裤品牌竞争，难度可想而知，只要客人一看产品的质感和价格，就可能会转身离开，去下一家转转。为了防止成为其他品牌的“背景帝”和对比的对象，艾克丽品牌店的店长想出了一个好的行销故事：“像李维斯、LEE、苹果Texwood、杰克琼斯这些品牌要么就是从我们这儿获取原料的，要么就是和我们的原料来自同一个地方。我经常和它们的负责人打交道，我们甚至在一起讨论哪些原料和样式可以引领新的潮流。”无论这个故事是不是杜撰的，消费者都对此产生了很强烈的兴趣，除了那些刻意追求品牌效应的消费者，多数消费者都会这样想：既然这些品牌的产品和艾克丽差不多，那么不妨偶尔选择一下价格更为亲民的艾克丽。

正因为如此，艾克丽有效保障了自己的客源，并且保障了自己的客源不会完全被其他国际品牌瓜分掉，这样一来，艾克丽就在竞争激烈的市场上保留了自己的市场份额，并且在消费者心中渐渐扩大了产品的影响力。

在这两个案例中，商家都很好地利用故事做好了预防工作，提前给消费者提了一个醒，从而避免了他们将目光转向其他的品牌，甚至是竞争对手。这就是说话的魅力，不会说话的人很容易赶走自己的顾客，而一个会说话的人，则会最大限度留住自己的客户。

著名香水品牌古龙的销售顾问阿克西有一个著名的观点：“不要试图让客户率先发现你的缺点。”对他来说，在顾客对某个产品产生质疑之前，就要懂得防火灭火，防止顾客产生“别的品牌可能不会存在这种问题”的想法。

而一旦顾客感到不满意，或者发现了某些问题，商家通常应该这样组织自己的语言：“我们的产品就是这样的，其他产品也是一样，这是所有同类产品的一个特点，以前客户都不太相信这件事，但是当他们去其他店里看后，发现所有的产品都是这样的。”这样说的目的就是为了断绝消费者“另外一家会更好”的念想。

除此之外，商家可以尽量突出自己的优势，然后强调竞争对手的劣势，这样就可以形成错位，将让自己的优势去对比对方的劣势，从而人为地扩大彼此之间的差距，并增强产品的说服力。比如商家经常会这样告诉新来的顾客：“其他品牌的产品也很不错，但是它们的价格很高，有个顾客曾经来我们店里购买一件衣服，结果发现同样款式的衣服在其他店里要多花费一倍的价钱。”这实际上就是一种价格上的优劣对比，目的就是为了更好地突出产品的优势。

不过，有时候精明的商家还懂得采用“田忌赛马”的策略，即用自己的高档产品去对比其他品牌的中档产品，用自己的中档产品对比对方的低档产品，这样就可以很好地将自己的产品优势衬托出来。

无论采取哪一种方法，从本质上来说，货比三家的关键是要主动凸显出自己的优势，掩盖自己的劣势，而这对故事的要求非常高，但这并不意味着商家要对其他竞争对手进行恶意攻击，毕竟在背后说别人坏话的人，往往也会被消费者认为形象不佳，最终可能会导致消费者对品牌产生反感。

No story, no selling

Chapter 10

# 不可忽视的肢体语言

销售人员在讲故事时使用的手势必须和自己的身份、地位、性格、体貌、性别、年龄等特征相符合，销售人员要根据自身的条件做手势，以此来表现出自己的成熟、自信、涵养、气质以及风度。

# 1. 形体表现让销售者更具魅力

通常情况下，你是如何讲故事的呢？你在讲故事之前是如何做好暖场工作或者吸引别人的关注的？比如说在一个喧嚣的会场，你该如何让别人安安静静地坐在那儿听你说话？一般情况下，演说者可能会站在讲台上，然后拿着话筒往台下喊话："对不起，请大家安静一下！"这种做法有时候也会起到效果，尤其是当你以领导身份出席会议的时候，但是也可能起到相反的效果，很多人会刻意捣乱或者装作没听见。另外一种做法就是，你淡定从容地走上讲台，然后竖起食指放在嘴唇上，环顾四周，在这个过程中，你甚至都不用说一句话。这时候大家就会自然而然地安静下来，因为他们意识到你的故事将要开始了。

为什么同样是准备讲故事，听众们的反应却截然不同呢？其实，这里面并未涉及太多的情绪问题，而是体现出了一个最基本的交际方式：肢体语言。而恰当的肢体语言往往比有声语言表达更加有效，也更具内涵。

20世纪50年代，研究肢体语言的先锋人物阿尔伯特·麦拉宾发现了一个奇特的现象，在一条信息中，文字只能产生7%的影响力，语音能够产生38%的影响力，55%的影响力则来自肢体语言。也就是说，讲故事的时候，虽然可以提到很多刺激感官的词语（语音文字），但是仅仅依靠这些语音和文字，听故事的人大约只能接收到45%的信息，只有在谈话的时候，将故事演出来，才能够确保听众可以更好、更完善地接收信息。这种表演实际上就是肢体语言，主要包括目光的接触、表情、手势、站姿、走姿或者某些辅导工具的晃动。

在销售活动中，情况也是一样，消费者仅仅通过倾听，并不能保证完全了解商家的想法，而商家仅仅依靠谈话，也无法确保能够百分之百地对顾客产生影响和说服力。肢体语言无疑会让整个故事变得更具穿透力。比如在讲故事的时候，通常会进行产品的展示，而这种展示会随着故事的推进、节奏的变化而逐步完成。那么该如何去展示产品呢？这种展示仅仅是为了用语言介绍产品的性能吗？显然不是，一个优秀的销售员更像是一个出色的舞台表演者，他不仅要表现出自己的语言天赋，要念出各种精彩而恰到好处的“台词”，与此同时还要完成一系列的肢体动作，这些动作起到很好的辅助作用，能够让所有的故事变得更具魅力，变得更加生动，也更具说服力。

肢体动作往往包含更多的意思，往往能够传达出更多的情绪、想法以及其他一些内在的东西，它在悄无声息之间就可以向消费者传达出自己的想法，或者说可以让消费者感受到行销人员的想法和思维。所以从某种意义上来说，肢体动作会让整个行销故事变得更加真实，也更具煽动力。

比如有的人在谈论自己的产品或者故事中的情节时，会用手势进行比画，这种比画会让故事变得更加真实，客户会明显感觉到对方的描述正在推动故事的发展，也在验证故事的真实可靠。一些恰到好处的手势，往往还会体现出商家的热情和专注。

有的商家在讲故事的时候，表情丰富，经常会露出喜悦、惊讶、无奈、忧伤等各种表情，这些表情很好地映衬了故事的情节，也增强了故事的节奏感和情感特性，而这些都很容易对顾客产生影响，尤其是对引导顾客的情绪和情感有着很大的作用。

无论是表情还是动作，实际上都是和故事相辅相成的，好的肢体语言需要一个好故事充当载体；而一个好的故事同样需要恰到好处的肢体语言来进行解释，肢体语言可以将故事中的部分内容直接呈现和表演出来，因此不仅能够加强故事的感情色彩和真实性，还能进一步释放故事中所要传达的内容和信息，让顾客接收到更加全面、真实的信息。

迈克·皮尔斯是一位普通的售货员，他在专卖店里卖的是女性内衣，事实上，这项工作通常都是女性来做的，但皮尔斯偏偏就喜欢上了这份工作，重要的是他做得比任何人都要棒。事实上，一个女性售货员平均每天可以卖出去4件内衣，但是皮尔斯卖出去的数量是9件。

那么为什么皮尔斯会在女性内衣的销售工作中做得更加出色呢？按道理说女性对于女士内衣会更有发言权。但事实并非如此，皮尔斯自有一套销售技巧。有人对皮尔斯进行近距离的观察，发现皮尔斯是一个非常善于交流的人，他总有办法说出一些有趣的事情来吸引别人的注意，而在工作当中，他同样是一个讲故事的高手，几乎总会想出各种好故事来推销自己的产品。某个大明星的穿衣风格、某个有关内衣的奇闻逸事，或者某个女顾客穿衣的冷笑话，这些故事他几乎信手拈来，而最重要的是，他的肢体语言非常丰富。

如果将皮尔斯的动作记录下来，就会发现，他在讲故事的时候，各种肢体语言都会非常巧妙地配合，比如在谈到那些稀奇古怪的事情时，他会表现出夸张且惊讶的表情；他的手能够完美地比画出自己想要描述的那些东西；他的眼神总是热情而富有魔力；他懂得何时与顾客发生正常的身体触碰；也善于利用微笑来打动人心。

2013年的时候，阿玛尼邀请皮尔斯去担任销售团队的导师，皮尔斯委婉地拒绝了这个很多人梦寐以求的工作，他还是享受自己现有的工作，不过他也对阿玛尼的负责人说了这样一句话：“好的销售应该是这样的，将你的故事融入到身体当中，然后在讲故事的时候，用形体一点点展示出来。”

而这句话对于任何一个销售人员来说，其实都是适用的，因为肢体语言本身就可以很好地融入到整个故事行销体系当中去，并且尽可能地放大故事的魅力。

## 2. 眼睛：展示内心世界的窗户

如果说眼睛是心灵的窗户，那么眼神就是最生动、最微妙、最复杂、最富表现力的沟通语言，也是肢体语言中最难以捉摸的一个沟通方式。眼神通常不会欺骗人，它总是能够坦诚地表现出内在的想法和情感，因此在讲故事的时候，眼神的表达很重要，不同的眼神往往会展示出不同的效果，透过眼睛，顾客可以轻易看穿销售人员的心理活动和想法，他们可以根据销售人员眼神的变化，来评价和分析这些故事以及说故事的人是否值得自己信赖。所以一个讲故事的人是否真诚，或者说整个故事的内容和剧情发展是否真实，往往可以从眼睛里看出来，而商家必须注意自己的眼神，必须想办法让自己的双眼变得更加专注有神，必须让顾客意识到自己的故事是真实的、自己的态度是真诚的，同时展示出自己内心世界的那些正面信号。

事实上，很多销售人员并没有意识到眼神的作用，也没有意识到眼神是否会对自己的故事行销方式造成什么影响。但其实对于任何一个讲故事的人来说，他们的眼神都会成为整个故事的一部分，或者说成为一个供他人窥探故事结构和内容的窗口。

很多时候，由于讲故事的人不注重眼神的表现，常常会犯下一些错误，导致整个故事丧失魅力：

——左顾右盼会显得心不在焉，让顾客觉得你只是在敷衍了事，或者说让他们感觉自己缺乏存在感；

——眼睛盯着地面看，往往让人觉得讲故事的人底气不足，在逃避别人的质疑；

——如果眼睛长时间盯住某个东西一动不动，往往会显得目光呆滞、精神涣散，而且让顾客搞不清楚销售人员到底是在思考，还是因为注意力根本就不在故事上，也不在顾客身上；

——如果销售人员双眼无神，那么就会让顾客觉得对方根本没有心思讲故事，或者说讲的故事完全缺乏吸引力。事实上，如果一个故事连讲故事的人自己也觉得毫无吸引力，那么顾客就更不会轻易被打动和说服了；

——如果销售人员在讲故事时，眯着眼睛，那么很容易给顾客造成一个错觉：你是不是看不起我，是不是不太欣赏我；

——如果销售人员不停地转动眼珠，意味着他们可能有一些新的想法，比如提升价格，比如增加一些附加的条件，或者提出一些不那么合理的想法，而这些对顾客来说意味着亘大的购买成本。

这些都是一些不礼貌、不尊重且容易打消顾客积极性的眼神，会对整个故事造成很大的负面影响，甚至对销售活动造成破坏。正因为如此，销售人员平时一定要注意尽量克制自己表现出不正确的眼神，要懂得展示一些更具亲和力、更加热情、更加坚定的眼神。

比如在讲故事的时候，销售人员的眼睛一定要热情地看着对方，双眼要有神，要与顾客发生真诚的交流，并且要做到目光坚定不移。这直接显示出他们是否在乎和尊重顾客，是否真的有强烈的意愿销售自己的产品。热情、坚定、有神的眼神很容易传递出热情、乐观、真诚、自信等积极的信号，让顾客觉得这样的人、这样的产品是值得信赖的。

销售人员还要懂得勇敢迎接顾客的目光，因为躲闪和逃避会让顾客觉得他们缺乏自信，或者有什么重要的事情隐瞒，而这种猜疑都会对故事的说服力造成影响，也会让整个销售互动功亏一篑。

当然，注视着顾客的眼神，并不意味着就要从头到尾一直盯着对方看，销售人员需要把握好注视的时间，一般情况下每次注视的时间为2~3秒，最好不要超过3秒钟，以免让对方感觉到尴尬。

丹尼尔·加里纳利是一位出色的行销大师，别人认为他浑身都是语言，每一个小动作都能够吸引人。他讲故事的水平几乎可以和最出色的成功学导师媲美，而在肢体语言方面，他更是大师中的大师。别人说他有一双会说话的眼睛，别人只要看着他的眼睛，就会知道那里面藏着一个非常有趣的故事。

有位营销学专家曾经想要去试探丹尼尔，看看对方该如何说服自己购买他的产品，可是等到丹尼尔开始讲故事时，这个营销学专家就被那双眼睛给迷住了，也许只有不到三分钟的时间，他就乖乖为丹尼尔的故事掏钱了。这个营销学专家事后回忆说："我不是一个轻易就能被那些故事打动的人，但丹尼尔热情、自信且充满魔力的眼神让我鬼使神差地相信这些故事和产品就是我所需要的。"

丹尼尔·加里纳利所做的一切似乎有些神奇，但实际上很多人都遇到过类似的眼神，他们声称自己在见到那样的眼神后，就做出了一些意想不到的事情。这绝对不是一种魔术或者催眠的方式，而不过是一种肢体语言的独特魅力，一个出色的肢体语言表述者，可以通过各种暗示来引导他人的行动，而在这一方面，眼神绝对是最具诱惑力的方式之一。

心理学家曾经做过实验，他们安排十五个人与一个演说大师分别进行交流，当然这些人在见到演说大师之后都被蒙上了眼睛，然后倾听对方的演讲。其中有十个人声称演说非常精彩，他们听得有些入迷了，其中七人想要再听一遍，并且对演说中的一些观点念念不忘；此外，有三个人觉得故事很精彩，但是自己还没有太多情绪上的波动；剩下的两个人觉得那些故事一般般，完全没法打动自己。

心理学家很快进行了第二次实验，他再次安排了另外不同的十五个人与演说大师进行交流。这一次，十五个人都没有蒙上眼睛，而是一个个分别与演说大师进行面对面的交流，故事内容和第一次完全一样。结果显示，有十三个人对这些故事表现出了很强烈的兴趣，并对讲故事的人赞不绝口，而剩下的两个人虽然没有表现出被完全说服的感觉，但也觉得这些故事很吸引人。

之后，心理学家又多次安排不同的人重复上面两个实验，结果都显示出，蒙上眼睛会产生更多的好奇心和兴趣，但面对面的交流的确更容易被人说服。而这个演说大师也透露了玄机："之所以会出现这种差异，有一个不可忽视的因素就是眼神的交流。"

很显然，由于讲故事的人善于正确地使用自己的眼神，就可以更好地向顾客展示自己的内心世界，也可以表现出更多的特质，而这些都会让整个故事变得更具说服力。这也是为什么在一个好故事中搭配完美的眼神后，很多顾客都愿意为双方的沟通埋单。

# 3. 手势：真正的沟通和暗示大师

威尔公司市场部负责人张先生曾经向我提到过一件事，有一次，一家私企主动找上门来洽谈业务，当然实质上就是来推销自己的产品。威尔公司此前并不了解这家公司，对这家公司的产品也不太了解，只知道这家公司最近几年的发展势头非常猛，甚至像一些跨国公司一样和外企打起了交道。

公司决定安排张先生和对方的销售部经理进行会谈，一上来，对方就非常直接地提到了自己的产品："我们公司的产品远销欧洲市场，产品质量非常过硬，深得欧洲客户的喜欢。上个月我们刚刚和欧洲一家跨国公司进行会谈，对方对我们的新产品非常感兴趣，双方决定下一周进行第二轮会谈，我想那个时候，我们就会赢得一个新的客户，这对我们打开欧洲市场具有里程碑式的意义。"

接下来，对方又接连讲述了几个和客户之间的故事，大体上都是讲产品的受欢迎程度，以及双方合作的密切与愉快，对方还展示了一些图片和视频来佐证这些故事，并手舞足蹈地进行了激情的讲解。张先生对这些故事并没有什么特别的看法，不过他倒是对这家公司产生了一些好印象，加上此前听说的一些信息，他觉得这家公司可能真的有实力。

接下来，张先生提出几个有关公司业绩以及产品销售额的问题时，对方公司的销售经理并没有直接像刚才一样用充满力量的双手进行演示，而是坐在椅子上认真解释，可是在说这些话的时候，对方始终将十指交叉成塔状，这是一种表达自信的手势。很明显对方对自己的产品非常自信，对市场的开拓和销售额的增长毫不担心。

之后，那个销售部的经理站了起来，然后递过来几张报表，上面写的是最近几年的财务状况，可是却没有去年和今年的财务信息，当然经理的解释是去年的财务信息还没有收集完整，因为公司去年去美洲开拓市场，一些相关的数据还没有统计好，而今年则要等到下半年才能统计出来。对于很多客户来说，这并不是一个好的理由，接着经理还顺带谈到了他们在美洲市场的一些商业故事和客户。但是在这个过程中，对方的双手手掌摊开，手指笔直，张先生自然明白这是一种坦率的表示，表明对方说了真话，而且也愿意做进一步的交流。

双方会谈了30分钟之后，张先生告诉老板这家公司值得进行合作，不过在此之前还是应该先想办法弄清楚对方的底细。结果两天之后，公司得到了一个内幕消息：这家公司在欧洲市场准备和德国西门子进行合作，从而成为西门子的供应商。

得到这个消息后，张先生立即要求公司抓住这次合作的机会，直接购买对方的产品。事实上，那个销售部经理讲了很多非常有说服力的故事，同时他很好地运用了自己的手势，并以此提升了故事的真实性与可靠性，也对威尔公司的人展示了自信的一面。

很多人都会觉得手势只是一种无意义的“装饰”而已，就像说话时挥舞双手一样，不过是起到一种表演的功效，但实际上手势并不仅仅只是为了在表演中凸显出个人的形象，其中往往还隐藏着很多秘密。在身体的各个部分中，手的表达能力仅次于脸，不同的手势往往具有不同的含义，最简单的就是一些指示功能，比如用来表示具体的数目（虽然口语也能表达出来，但是用手势表现出来的数字往往更加令人印象深刻）；比如用来描述事物的形态或者指定某个方向（口语在描述这类东西时通常比较抽象和复杂，而且容易让听者感到混乱，而手势的指向性比较明确，描述事物的时候也更加形象，更加逼真）。

此外，这些含义通常和人的内心活动息息相关，可以说在讲故事的时候，手势通常是个人想法和情感的一种间接表达，它对故事的推进和讲解也能起到一定的促进作用，比如加强口语的语势、表现演讲者的体态形象，增强演讲的说服力和感染力。合理的手势可以让整个故事中的人物形象、产品形象、剧情变得更加丰满，而不合理的手势不仅会影响到讲故事的人的个人形象，还会让整个故事变得不那么真实可信，会让顾客看出故事中的破绽。

比如在讲故事的时候，通常建议销售人员不要将双手插入口袋中，因为将手插入口袋或者隐藏起来，是一种隐瞒信息尤其是隐瞒重要信息的表现，往往意味着讲故事的人并没有实话实说，至少没有完全说实话。同样的，如果商家或销售人员在讲故事的过程中紧握拳头，就表明他们比较紧张，这种紧张很可能在于所讲的故事并非是真实的。

有时候，销售人员会在讲故事的时候突然紧紧抓着一个道具，一个卷起的纸筒，一个茶杯或者椅子的把手，这表明销售人员是一个喜欢控制的人，但同时又缺乏自信和安全感，所以他们必须通过抓住和控制这些东西来掩饰自己的真实情感，这样他们就容易撒谎，或者努力避免自己出现一些强烈的情感。因此，除了需要借助必要的道具进行演示之外，最好不要在讲故事的时候突然抓住某一样东西，以免让人觉得你在努力“撒谎”。

如果销售人员的双手手掌摊开，手指笔直，这是一种坦率的表示，而且还表明了你愿意接纳对方，愿意与对方做进一步的交流；反过来说，当他们手背向外时，表明了他们不愿意接纳外人，说话也不够坦诚，他们给人一种“只是应付工作”的感觉。

用食指或者拇指指尖触碰嘴唇，是一种不安定的表现，这个动作来源于婴儿时期，由于缺乏安全感，他们会吮吸乳头来保持安定，这种习惯性的动作和手势会一直保存下来，并且成为一种本能的行为。所以销售人员一定要注意约束自己的手指，最好不要和嘴唇发生触碰，虽然这是一种下意识的动作，不容易克制，但还是要尽量注意这些细节动作，否则就会被顾客认为你的故事是胡编乱造的。

对于销售人员来说，他们需要表现出自信的一面，这样才能够对顾客产生更大的说服力，而十指交叉成塔状就是一种表达自信的手势。通常情况下，成功的企业家、政治家、教师、律师，以及一些演说家和出色的谈判专家，都会出现这种手势。销售人员使用这种手势，会让整个故事变得更加真实可信，因为顾客会从这个手势中解读销售人员的信心来源，从而将焦点集中在故事上。

伸手时掌心向上表示请求、许诺，同时也表现出销售人员谦逊的一面，这些都会对顾客的判断带来很积极的影响；如果顾客对故事的反应不那么强烈，或者说情绪没有完全被调动起来，那么销售人员在讲故事的时候可以挥动双手，挥动双手往往具有鼓舞人心的作用，容易带动对方的情绪。

有时候，为了增强故事中情感的感染力，销售人员可以采用复式手势，这样就可以进一步强化故事中情感的力量，从而进一步激发顾客的情感。很多具有煽动力或者充满感情色彩的演讲，在复式手势的配合下，通常会变得更具感染力。

在一些买卖关系当中，如果销售方和客户存在合作关系，那么销售人员为了表明自己合作的意向，为了表明自己看好这个合作项目，可以在讲故事的同时，做出双手由分而合的手势，这样可以表达出亲密、团结、联合等期望，同时也可以尽量向对方示好。

当然无论是哪一种手势，无论这些手势是为了配合哪一种类型的故事，它都必须遵循自己的原则：

**——雅观自然**

对于任何一种肢体语言，最基本的一点就是端正、高雅，而且要符合生活美学的要求。对于手势来说，同样如此，虽然手势承担着提示、启迪和强化故事内涵的功效，但同样需要让顾客拥有美好的享受。而优雅自然的手势不仅体现出了销售人员的素养和个性，还让整个故事变得更加自然流畅。

**——保持协调**

手势虽然是身体某一部位的动作，但实际上并不是孤立存在的，销售人员也不能孤立地表现它们，最好还是应该与其他东西协调起来，以确保整个故事讲解过程协调自然。

首先，手势要与全身协调起来，包括与形体的姿势、声音、表情的配合，这样才能让身体演得更加出色，也才能更好地演出故事的精髓。

其次，手势与口头语言要协调，简单来说，就是讲故事的时候，手势的起落和话音的节奏是同步的，不能话说出去了，手势还没跟上来，也不能手势到位了，话还没说出口。这种不同步的情况不仅会打乱故事的节奏，也会破坏讲故事的氛围。

再次，手势应该与感情相协调，讲故事的人如果慷慨激昂，那么出手的力度和幅度可以适当加大，如果感情比较平淡，甚至是情绪比较低沉，那么动作幅度一定要小一点，这样就可以更好地衬托和传递自己的感情。

**——适度、适量、简练**

手势的表达并没有固定的次数要求，但它需要和故事的内容相适宜，故事中的内容与节奏、感情和现场气氛的变化会对手势有一定的要求，手势必须和故事相搭配出现，而不是随意地凑出几个姿势。

手势的次数一般都要注意适度原则，不能过分表达，如果一两句话就有一个手势出现，那么就显得太做作，而且会喧宾夺主，不仅影响了氛围，也转移了顾客的注意力，从而导致顾客不能更好地接收和理解故事中的信息。

最后，手势实际上起着一种辅助性的作用，因此在使用的时候应该尽量简练，这样才能突出口语表达的主导地位。事实上更加简练的手势会让人感觉到干脆利索、清楚明了、优美雅观，反倒是动作过于复杂和冗长，可能会让人觉得有些夸张和虚伪。此外，一些刻意重复的动作，一些小动作和碎动作同样应该避免。

除了以上三个基本原则之外，销售人员在讲故事时使用的手势必须和自己的身份、地位、性格、体貌、性别、年龄等特征相符合，销售人员要根据自身的条件做手势，以此来表现出自己的成熟、自信、涵养、气质以及风度。

# 4. 微笑是最佳的名片

微笑是人类最常见的一个表情，也是最常见的肢体语言，但同时也是最具影响力的一种肢体语言，微笑不仅是人际交往中最重要的工具，也是情感传播的利器。尽管我们可能每天都能看到微笑，但很多人并没有意识到微笑的力量，更加不懂得怎样利用微笑的力量。

在人际交往中，微笑是一个基本的交往符号，无论是彼此寒暄，还是相互探讨某个问题，微笑都是一种非常积极的、柔和的表达方式，它是降低自身防备、缓和气氛、赢得好感的重要方法，能够有效促进彼此之间的关系更加亲密。通过微笑，我们总是能够更轻易地与别人说上话，总是更轻易就能赢得别人的信任。

在销售过程中，微笑的作用不言而喻，为了说服顾客或者客户，销售人员不能仅仅只是搬出自己的产品来讲解，还需要讲故事。而在讲故事的过程中，销售者究竟以一种怎样的态度来讲解，究竟以怎样一种情绪来演说，往往关乎着故事行销的效率。

宝马公司要求自己的销售人员即便在电话中也要对顾客保持微笑，在公司看来，别人甚至可以通过谈话来感知销售人员是否微笑了，因为当一个人微笑的时候，它的感情和声音都会充满魔力，充满一种关怀和亲切感，尽管这些可能不会被顾客亲眼见到，但却能够被感知到。

微软公司要求每一个员工都要懂得边说边笑，其理由是：“比尔·盖茨每次与客户交谈都会面带微笑。”所以公司内部的所有人在客户面前都要保持微笑，因为这能提高销售额与合作的效率。

华为创始人任正非是一个非常严肃的演说高手，但是在客户面前，他总是一边妙语连珠，一边面带微笑，所以华为的客户几乎遍布全世界。

成功学导师卡耐基的演说能力出众，但是他自认为口才只是一个好的方面，另外一项法宝就是微笑，这些微笑让他的故事更容易渗透人心，因为微笑从一开始就慢慢打消了听众的顾虑，慢慢消除了他们的防备和排斥心理。

对于那些成功的销售人员或企业来说，微笑就是一张最好的名片，它让销售人员以及产品的形象变得更加正面，也为整个故事的展开、推进做好了铺垫，正如卡耐基所说的那样，微笑会让一个好故事变得更容易被人接受，这是一种心理战术。

事实上，微笑体现一个人的真诚，虽然它不具备高分贝的赞美，不具备那种强有力的鼓励，也不具备那种包含坚定的承诺，微笑总是像细雨一样柔和，但是它对顾客的影响力可能更大。

### ——给予别人尊重

对自己的顾客报以真诚的微笑，是一个优秀销售人员应该掌握的技巧，因为这种微笑会让顾客感觉到自己受到了尊重。试想一下，在很多销售活动中，销售方和购买方都是素昧平生的，如何将具有不同目的、不同性格、不同想法且存在一定利益冲突（比如价格上的分歧）的两种人联系在一起，这不仅仅需要产品作为媒介，不仅仅需要故事作为沟通手段，还需要一种最基本的尊重，毕竟任何一种交易都需要以尊重为前提，而微笑则能够确保给予顾客在人格和地位上最基本的认可。

在《故事行销》这本书中，有这样一个观点：“说故事的时候，不能过于明显地要求他们购买产品，而是先用微笑去迎接他们，让他们感觉到自己是受欢迎的。”让顾客感觉自己受到了欢迎和尊重，这比推销产品更加重要。

### ——安抚情绪

对于销售人员来说，他们不可能每一天都保持良好的心态和情绪，也不可能每一次都对客户保持耐性，但是工作又必须要求他们保持好的状态，这个时候，微笑可以很好地欺骗疲劳的身体，确保身体始终保持在良好的工作状态上。此外，微笑是会传染的，一旦顾客精神不振、消费欲望不强烈，就可能会放弃倾听销售人员的讲解和故事，而微笑则会提升他们的情绪，让他们保持更高的消费欲望。

花旗银行要求银行职员每天都要保持微笑，并且喊出了这样的口号：“如果你遗忘了微笑，那么有一天你和顾客都会被那些坏情绪击倒。”

### ——提升吸引力

微笑的人往往具有一种令人难以抵挡的诱惑力，我们总是想要了解一个喜欢微笑的人，想要弄清楚是什么让对方保持愉悦的心情，想要了解那个微笑的背后究竟隐藏着什么秘密。至少微笑的销售人员看起来自信满满，而且让人觉得他是一个成功人士，所以微笑会让顾客对销售人员的故事产生更多的期待。从这一方面来说，微笑不仅可以起到安定情绪的作用，还可以引导顾客对故事产生更大的兴趣。

需要注意的是，微笑只是一种常规的肢体语言，它的作用非常明显，但是也有一定的限制，比如在一些情感色彩比较强烈的故事中，演讲者就不适合微笑了，尤其是一些比较感人、泪点比较低的故事中，销售人员和顾客都容易被这些故事情节所打动，此时如果保持微笑，就可能会和故事中的情感表达脱节，从而破坏故事原有的情感氛围。因此，微笑实际上适用于一些情感比较平淡的故事。

# 5. 肢体触碰的秘密

肢体语言主要体现在头、眼、颈、手、肘、臂、身、胯、足等人体部位的协调活动，而这些部位在协调的过程中，不可能仅仅处于一种自导自演的状态，很多时候还需要与他人发生一些互动，而这些互动就不可避免地会发生身体接触。像握手、拍肩膀、贴脸、抚摸脑袋、牵手、亲吻、抚弄头发、拍打背部等动作都是一种肢体触碰的行为，而这些行为从某些方面来说是证明彼此相互信任或者维持亲密度的一种有效方式。

在销售过程中，虽然卖方和买方之间的亲密度并不像好朋友或者恋人之间那样，彼此的互动也不像恋人那样频繁，但也常常会出现一些肢体碰撞的行为，这些碰撞往往颇具深意，可以很好地传递各种各样的信号。

### ——握手

握手是一种非常常见的肢体碰撞行为，无论是与客户初次见面，还是相识多年的合作伙伴，都可以采用握手的方式来打招呼。握手是一种非常礼貌且得体的方式，完全可以体现出双方之间的平等和尊重。通过握手，可以让双方产生一个更好的印象，为相互之间的交流打下基础。

实际上握手有很多种形式，比如和陌生客户见面时，可以单手握手，握手的时候，身子微微弯曲，以示谦恭；如果对方是老客户，那么可以双手紧握对方的手，以示尊重和亲密。

**——轻拍肩膀**

在迎接顾客的时候，轻拍肩膀也是一种比较常见的接触方式，轻拍肩膀实际上代表了友好和爱护的意思，因此可以用这种触碰方式向顾客传递一个信号："我很欢迎你，而你完全可以保持放松。"这样就可以有效缓解对方的防备心，从而方便销售人员顺利展开自己的故事行销。

不过轻拍肩膀并不适合所有的顾客，比如在异性顾客和客户面前，最好还是不要这么做，以免让对方产生误会。

**——试探性的接触**

在讲故事的时候，销售人员可以通过各种方式来试探对方的反应，比如直接提问、观察对方的表情，或者看看对方表现出了何种肢体语言，此外通过试探性的身体触碰，销售人员也能察觉到顾客内心细微的变化和真实的想法。比如双方坐下时，前臂或者膝盖轻轻触碰都能检验是否能够和对方建立起融洽的关系，能够检验出对方是否愿意坐下来继续听自己讲故事。

这些试探性的举动必须做得自然隐秘，绝对不能大张旗鼓地进行，幅度和力度都不能太大，要让顾客觉得一切都是自然而然发生的，这样就可以确保自己的行为不会引起对方的反感。

**——推动故事情节发展**

肢体触碰有时候会成为故事演示的一部分，比如，为了让顾客更好地参与到故事当中来，或者为了让他们更好地理解故事中发生的事情，销售人员有必要当面演示故事剧情，有必要通过双方的互动表演来真实地还原故事发生的场景，这个时候，就需要与顾客发生身体接触，以此来表现故事中的那些内容和剧情。

奔驰公司在和一家汽车经销商谈论合作事宜时，派了专人对这家汽车经销商进行考察，当奔驰公司的考察人员装扮成普通顾客进入商店买车时，经销商的工作人员立即热情地介绍起了车子的优势。在介绍车子的安全性能时，工作人员提到了戴安娜王妃的交通事故，然后拉着考察人员现场模拟了撞车情节，之后再顺其自然地引出自家汽车的安全性能可以避免此类惨剧的发生。

考察人员在与对方接触的过程中不仅感受到了故事的真实发展，也感受到了对方的热情，因此据实向公司汇报说："这家经销商可以卖出任何一辆汽车。"最终，奔驰汽车决定与经销商进行合作。

### ——必要的触碰

在裁缝店里，裁缝师要给顾客量体裁衣，这时候就免不了会发生一些身体接触；在化妆品店里，销售人员会尝试着给顾客涂抹防晒霜、润肤霜之类的产品进行验证和宣传，这同样会发生身体接触；在按摩店里，顾客如果对手艺提出质疑，服务员可以一边对顾客进行讲解，一边进行按摩，让顾客先体验一下效果。这些肢体接触都是工作需要，是不可避免的，销售人员或者服务人员不可能仅仅依靠口头讲述一个故事就将产品效果说出来，也不可能通过口头讲解就让顾客感到满意，只有通过具体的实验才能提升故事的说服力。

实际上，肢体的触碰往往能够体现出一种亲近的关系，体现出彼此之间的信任，而一些暗示性、试探性的触碰还能够帮助销售人员了解对方的想法，从而及时调整故事的方向和讲述方法。有人对一些名牌化妆品进行过调查分析，发现这些品牌产品在销售过程中，肢体触碰的次数比一般的产品更多（一般的故事行销中很少发生身体接触），销售人员在讲述产品的相关故事或者使用方法、使用效果时，不仅会现身说法，还会针对顾客的皮肤进行测试和实验，这样就增强了互动和亲密度，从而更好地配合了故事的宣传和引导功效，并提升了故事的说服力。

不过需要注意的是，这些接触性的动作不能太过频繁，尤其在陌生或者不太熟悉的顾客面前，销售人员一定要注意减少身体触碰，而触碰的力度和幅度也要得到控制，以免让对方觉得不适。此外，肢体碰撞一定要顺其自然，不能刻意为之，一些不必要通过肢体碰撞来表达和解释的内涵，应该尽量用非身体触碰的方式表达出来。

## 6. 解读顾客的身体语言

销售人员在利用肢体语言丰富自己的故事表达能力时，也一定要注意观察消费者所表现出来的肢体语言。一方面是因为肢体语言可以更完整地表达一个人的真实想法，另一方面则是因为肢体语言更加真实可靠。事实上，肢体语言的出现是受到大脑控制的，当一个人的大脑进行某种思维活动时，大脑会支配身体的各个部位发出细微的信号，这些信号在某种程度上是本能的一种反应，因此真实且不容易控制。在一般情况下，书面语言的表达是最容易被修改和控制的，任何写文字的人都可以经过仔细推敲和修改，从而写出一些与事实不相符的文字来掩饰自己的真实想法。

口语表达直接斟酌和修改的时间比较短，因此可靠性比书面语言高一些，但是对于那些善于控制和伪装的人来说，他们同样可以说出一些口是心非的话来迷惑别人。肢体语言则不同，由于肢体的动作和表情都受到大脑的直接操控，因此最能够反映出大脑的活动倾向和内心的心理活动。正因为肢体语言不容易伪装，很多销售人员可以通过对消费者肢体语言的合理解读，从而挖掘和了解消费者真实的想法和消费心理。

最简单的例子就是，很多人并没有意识到自己的故事正在让消费者丧失兴趣，甚至产生反感。其实尽管消费者并不会明确表示“这些故事简直就毫无意义”或者“令人作呕”，但实际上他们会通过一些肢体语言表现出来。

比如销售人员可以观察一下，他们的眼神是否正在慢慢离开你的视线？他们的身体是否稍稍侧转？他们是否懒散地坐在椅子上？他们是否将手臂交叉在一起？是否用手摩擦脸部？他们点头的速度是否在不断加快？他们是否一直在打哈欠或者因为强行控制打哈欠而流眼泪？他们是不是坐在那儿一直重复某个动作，比如敲打椅子或者转动手上的笔？他们是否一直在东张西望，或者频繁地看自己的手表、手机？他们是否开始用手腕支撑着脑袋倾听？

这些肢体语言都是非常隐晦的信号，显示出消费者一些无声的抗议，他们觉得这些故事缺乏吸引力，并且表示出无聊、焦虑和不耐烦的情绪。一旦出现以上这些细微的变化，销售人员一定要及时反省自己，看看自己是不是有哪些地方说得不到位或者说错了，想一想自己是不是应该换一个话题，或者想一想是否应该立即终止类似的谈话。如果销售人员不懂得接收或者不能解读，那么就可能会在讲故事的时候继续犯错，在这个时候那些所谓的精彩故事会越说越让人反感，直至让消费者生气地离开。

反过来说，消费者也会给商家或者销售人员提供一些积极的身体信号，比如当他们听到故事之后，始终面带微笑，或者坐在椅子上保持身体前倾的姿势，就表明他们对这些故事表示认可，并且有兴趣继续听下去。

不同的肢体语言会表现出不同的想法，销售人员在说故事的过程中一定要注意观察和接收消费者身上的肢体语言所释放出来的信号，并以此作为依据，来决定自己是否应该继续讲述这个故事，是否需要换一种方式、换一种语言风格来组织自己的故事。

虽然人的身体部位并不多，但所表现出来的肢体语言非常丰富，不同部位的细节表现都可以表现出一种心态和想法，对于这些肢体语言，销售人员一定要注意认真解读和分析，从中寻找出每一个消费者的消费心理，从而方便对症下药。

如果对方扭绞双手，表明了他们比较紧张，这个时候，销售人员需要讲述一些轻松幽默的语言缓和气氛；

如果对方一直搔头，就代表了他们并不相信故事的内容，或者对销售人员所说的一切感到迷惑，所以销售人员必须要进一步改进自己的叙述方式，提升真实性，增强说服力；

如果对方开始频繁更换坐姿，那么就表明对方对你的谈话不感兴趣，并且感到厌烦了。所以销售人员必须想方设法改变自己的叙述方式或叙述内容；

如果对方一直轻轻揉鼻子，那就代表着他们还不信任销售人员的话，他们认为这只是一些花言巧语的小手段而已，所以这个时候故事不应该结束，而是需要拿出更多的证据和感情来提升说服力；

如果对方开始捏手指，或者转动手指上的戒指，那么就代表他们已经没有多少耐性继续听下去了，为了不至于引起反感，最好的方法就是立即结束这个故事；

如果对方开始闭上眼睛，这就是明确的反对信号，他们并不同意销售人员所说的故事，因此故事还需要进行调整；

如果对方其他的手指笔直，或者握成拳头状，而大拇指却很僵硬，那么就说明消费者的想法比较保守，为人也比较固执，并没有被故事所打动。因此，销售人员需要提升故事的说服力，并且尽可能地迎合对方的意思和想法去说；

如果对方开始摸耳朵，或者紧拉着自己的耳朵，那么就表示他们犹豫不决，不能做出决定，这个时候销售人员要做的就是加强语气，强调故事中的主题，并尽量尝试着帮助他们做决定；

如果对方一直在微笑，就表示他们认同或者满意故事中的内容，这个时候销售人员可以继续自己的故事；

如果对方长时间盯着销售人员看，就代表他们对故事感兴趣，对产品也感兴趣，接下来只要说得更加仔细一些，就可以促成这个买卖；

如果对方露出惊讶的表情，那么就可以认为这个故事吸引住了他，销售人员可以更为合理地推进自己的故事情节；

如果对方有意无意地开始模仿销售人员的一些动作，尤其是讲故事时的动作，那么则表明他们已经对故事产生了兴趣，并且想要了解其中的内涵。这个时候，销售人员要做的就是尽可能地将故事按照原有的情节和模式继续下去；

如果对方将脑袋偏向一方，那么很有可能表明他正集中注意力听销售人员讲故事，因此销售人员不要轻易中断自己的故事，并且尽量让整个故事变得更有节奏感和感情色彩；

如果消费者的手部动作沉稳有力，而且动作流畅，一气呵成，表明了他们非常舒适。双手紧握放在脑后或者双手叉腰都可以表现出一种从容舒适的感觉，表明他们很享受故事，这对销售人员来说是一个很大的认可。

不同的姿势，不同的表情，不同的动作，往往代表了不同的含义，对于这些从消费者身上释放出来的信号，商家或销售人员应该予以及时了解和掌握，这是提升故事说服力和销售成功率的一个关键能力。

No story, no selling

Chapter 11

# 情感是整个故事的最佳包装

对于商家来说，他们与其想办法运用逻辑思维来应付消费者的分析和质疑，还不如重点打造一个充满情感的故事，并通过这种情感表达来引导消费者对产品产生一个好的直觉，最终方便产品的顺利出售。

# 1. 销售的80%是情感，20%才是逻辑

在台湾地区，山叶钢琴一直都是最受欢迎的钢琴品牌之一。然而随着市场竞争越来越激烈，山叶钢琴渐渐感觉到自身的优势慢慢消失，所以它们不得不想办法进行突围。这个时候，它们想到了行销故事，并推出了一个行销口号："爸爸妈妈都希望自己的孩子是最好的，从孩子呱呱坠地起，所有的父母就希望孩子是最好的，希望孩子健康快乐成长。山叶愿与父母共同分担这个心愿。学琴的孩子不会变坏！"公司要求每一个员工在向家长介绍钢琴的时候，都要从这个故事出发加以引导。

正是最后的这一句"学琴的孩子不会变坏"，让山叶钢琴迅速风靡全台湾，并重新确立起了巨大的市场优势。而这句话几乎很快成为流行语，成为很多人耳熟能详的一句话。那么为什么这句话可以改变市场竞争的游戏规则，并让山叶钢琴的销量获得突破呢？原因就在于这句话中的情感优势。

相比于直接夸耀自己钢琴性能好，公司显然找到了更好的行销突破点，那就是情感因素。事实上，这条广告和口号的出现拥有一定的时代背景，在20世纪90年代，电子游戏几乎风靡整个台湾地区，很多儿童都放弃学业，而沉迷于电子游戏之中，那个时候孩子们在放学后就冲到电子游戏厅去玩游戏几乎是一个非常普遍的现象。而电子游戏也的确对孩子们造成了不良影响，很多孩子出现暴力倾向，而且明显早熟，而在社

交和学习上则越来越力不从心。

有一次，一位教儿童钢琴的母亲，看到很多孩子都高高兴兴地出入游戏厅，不禁为自己刚出生的孩子担心，于是下意识地说出了一句话：“学琴的孩子绝对不会变坏。”这句话很快就被山叶钢琴所采纳，最后被改成了“学琴的孩子不会变坏”。而这个母亲的形象和故事也成为山叶钢琴行销故事的一部分。

客观来分析这句广告词，其实并不完全合理，毕竟学琴的孩子也有学坏的，但是相比之下，一个学琴的孩子，他的艺术修养和道德情操会更高一些，因此不容易误入歧途。可以说这句话有一定的逻辑性。但是这个行销故事绝对不是以逻辑来取胜的，最关键的一点还是情感优势。

当销售员们对父母们讲述这些话的时候，几乎一下子就迎合了父母们的想法，也引起了情感上的共鸣。很多人称这个故事是一次成功的心理学销售，可以说毫不过分，整个故事紧紧抓住了父母关爱孩子健康成长的心态，然后将学琴与孩子的身心健康有机结合起来，父母们轻易就被打动了，所以纷纷决定帮孩子购买山叶钢琴，防止他们学坏。

事实上，情感是销售中的一个重要元素，尽管很多商家会忽视这一点，但实际上通过情感上的满足，消费者更容易对商家提供的产品和服务另眼相看，而且也更容易产生好的印象。有的商家会觉得消费者喜欢进行逻辑分析，因此也常常会采用逻辑思维来设计自己的故事，利用逻辑思维来组织自己的说辞，但实际上逻辑在销售中的比例很低，就像山叶钢琴所说的故事一样，如果仅仅认为学琴的孩子不会变坏，这种逻辑根本就不具备太大的说服力。

既然情感在销售中占据了很大的比例，那么商家该如何在行销故事中熟练地运用情感来提升产品的影响力呢？

——讲一个感情色彩浓烈的故事

《心灵鸡汤》是世界上销售量最大的图书之一，读者对它的喜爱程度数十年也未曾改变，书中的每一个故事都让人印象深刻，让人看完之后心灵受到很大的触动，那么为什么《心灵鸡汤》会具备这样的功效呢？这或许和美国作家杰克·坎菲尔和马克·汉森的创作思维有关，两个人当初在创作《心灵鸡汤》时，所遵照的选文准则就是：以浅显的语言表达人间真情；以深挚的情感述说五彩人生；在每一个角落把真情的火炬点燃；让每一缕清香在尘世间流传；让真情在心灵的碰撞中凝固成永恒。

可以说两个人最看重的一点就是“情感”，既然是心灵鸡汤，那么所有的故事一定要给予更多的心灵触动，一定要能够产生更多的情感共鸣，通过情感来打动读者。在销售中同样如此，一个具有丰富感情的行销故事往往会充满魅力，可以很好地吸引消费者的关注。

比如著名品牌玉兰油在销售的过程中就讲述了创始人格拉罕·伍尔夫的故事。格拉罕·伍尔夫和艾伦是一对情侣，但是第二次世界大战爆发后，艾伦被派往战地医院工作，而格拉罕仍旧留在大学里学习化学。可是在战场上，为了寻回格拉罕送给自己的定情信物，艾伦被炸弹炸伤，几乎毁容。面目全非的艾伦不敢去见格拉罕，而格拉罕为了不刺激艾伦的自尊心，也假装不认识蒙着黑色面纱的艾伦，而事实上他早就知道发生在艾伦身上的不幸，所以他一直都在想办法利用自己的知识来提炼一种神奇的化妆品，帮助艾伦恢复容貌。经过一年多的实验和努力，他成功研制出了一种面霜，并且每次都将面霜寄给红十字会，让他们转交给艾伦，直到艾伦脸上的伤疤彻底消失。1951年，格拉罕正式推出了这款旨在修复受损皮肤的产品，并将其推向了全世界，而为了表达自己对艾伦的爱，他将产品命名为艾伦的谐音OLAY。

这个故事在玉兰油的销售过程中起到了很好的效果，事实上，几乎每一个玉兰油品牌店的员工都必须掌握这个故事的来龙去脉，并且要将其说给顾客听。有人曾经打趣说："玉兰油的销量中有一半是被这个感人的爱情故事支撑起来的。"这句话绝对不算过分，至少当玉兰油这个品牌推向市场的时候，消费者就被故事所打动，并且很快引发了抢购的狂潮，这样就为玉兰油走向世界奠定了坚实的基础。

### ——赋予产品更多的情感

由于故事始终都是为所要出售的产品服务的，因此想要确保整个故事情感充沛，不仅需要高明的演说技巧，需要充沛的感情，需要善于讲一个煽情的故事，还需要赋予产品更多的情感色彩。很多产品本身是具有"感情"特质的，像玫瑰花、戒指、生日蛋糕，这些东西即便不用一个好故事来衬托，其本身也自带"感情体系"，大家通常都知道它们的存在意味着什么，意味着多少情感。还有一些产品不具备什么情感元素，那么就要人为地注入一些情感，增强它们的象征意义。因此，对于销售人员来说，他们如果想要在故事中传达更多的情感，就必须想办法加强产品的感情色彩，让它们变得更加打动人心。

众所周知，一般戒指都是戴在左手上的，但是网络公司近来推出了"右手戒指"的概念，从名称上来看，这个概念就足够吸引眼球，而为了衬托这个概念，这些公司的销售员提到了一个来自英国的故事：很多英国女人经常会买戒指，然后戴在自己的右手手指上，这种戒指完全不同于男人求婚时戴在左手上的婚戒。右手戒指的出现实际上具有象征意义，女性用它来显示自己作为新女性的独立与能力。

这个故事足够新颖，但更重要的是赋予了右手戒指更多的内涵和情感，尤其是随着社会水平的提高以及文明开放程度的提升，女性地位越来越高，但很多女性为了追求独立而不得不面对家庭和情感上的困境。这种现象在全世界的女性群体中几乎都慢慢表现出来，仅仅是在英国，就有30%的女性被家庭和婚恋关系所压制，不得不面临放弃自己工作的危险，所以她们本身是存在这种情感需求的，她们需要以某种形式来表明自己的立场和决心，来证明自己的地位。

在这个故事中，通过强化右手戒指的象征意义，使得右手戒指成为一个具有鲜明特色和情感的产品。而右手戒指的故事完全刺激了她们的情感需求，也填补了市场上的一个空白。右手戒指的故事主要在于描绘了一幅生活的蓝图，让那些追求独立的女性可以想象到这样一幅画面：当我拥有这枚戒指后，情感上将会获得什么样的慰藉，将会获得多少力量，将会拥有某种自己一直期望拥有的新女性的特质。而且这些产品将会对家庭成员或者说亲密关系的另一方产生某种强大的情感影响力。这些都是独立女性所期望的东西，而右手戒指这个产品就承载了她们的情感和希望。

对于消费者来说，无论是故事本身就很感人，还是产品具有一些情感元素，实际上都会带来情感上的共鸣，都会让他们变得更加感性，所以在故事情节的推动下，在感情的强烈刺激下，他们很容易就对产品产生兴趣，并激发出强烈的消费欲望，而这些可不仅仅是逻辑思维就能够办到的。

## 2. 充足的情感代表了更好的服务

有一位推销热水器的人敲开了我的房门，然后问我是否需要一个热水器，事实上我好像根本不需要这个东西，或者说暂时还不是那么迫切地需要，尽管我一直都想着是否应该专门给孩子的卫生间里安装一个。当然我的犹豫不决还是被对方看穿了，所以接下来对方很快就谈起了有关热水器的事情。

“你知道吗？我的家里至今也没有热水器，真的，我干了这份工作8年，卖了可能有670多台热水器了，可是我至今没有使用过热水器。我有两个孩子，他们总是抱怨冬天洗澡太冷了，因为家里唯一的一个太阳能已经是老产品了。你知道，现在的热水器价钱并没有那么昂贵，可是我仍旧用不起，我得支付两个孩子的大学学费。但是今年我存了点钱准备安装一个，我的一个孩子即将大学毕业了。”

不知道为什么，听到对方的谈话后，我觉得有些压抑，他的故事完全打动了我，很难理解一个成天和热水器打交道的人，却连热水器也用不起。于是接下来，我决定让这个销售员去屋里坐一下，至少应该让他喝上一杯热茶。

当他进入房间后，在我的浴室里看了一下，然后突然对我说道：“先生，我还是应该提醒您一句，现在几乎每年都有一大批人，尤其是老人会在浴室和浴缸里摔倒，他们往往会受到严重的伤害，甚至摔断髋骨。所以我觉得您很有必要在浴缸里加上防滑垫，在浴室的地板上铺上防滑垫，这样既可以减少清洁的次数，同时也可以不用担心滑倒或者摔跤。真的，我这儿有一些防滑垫，可以免费送给你一张。”

一个素不相识的人对你的个人生活表示担忧，对你的家庭表示关心，而且感情真挚，这几乎让人感动不已，所以当对方留下防滑垫准备离开的时候，我叫住了他：“师傅，我想问一下您今天可以帮我安装一个新的热水器吗？”对方微笑地看着我，点了点头。

事实上我也知道，那些防滑垫不过是购买热水器时的一些附赠品，但是我不得不佩服对方的好口才，他接连讲了两个富有感情的故事，这些故事完全打动了我。所以我突然觉得对方一定会提供非常好的产品和服务，而自己则迫切地想要体验一下这种服务。

我承认自己是一个比较感性的人，但是换作是别人，也可能会被这种感情所打动。事实上，面对类似的行销人员时，多数顾客都会产生一些强烈的消费冲动，因为大家会觉得对方一定能够提供很不错的服务，因为对方是一个充满感情、充满爱心的人。我们常常说用心去做一件事，用心去生产和销售，用心去对待每一位顾客，这种用心实际上也包含着感情因素，我们需要更多地投入自己的真实感情，更多地运用感情去面对自己的顾客，因此感情在某种程度上会带给消费者更多更好的服务。

好的服务就是通过情感上表达出来的，因为任何一项好的服务都是能够被消费者感知到的，而情感上的共鸣则是最直接、最强烈的感知。希尔顿酒店的服务好，是因为顾客从员工标志性的微笑中看到了真诚；星巴克咖啡店里的员工服务态度好，是因为他们每天都饱含深情地提醒顾客不要被烫着了；海尔公司的服务态度好，则是因为员工总是善于为顾客提供最好的建议。这些员工在为顾客提供服务的时候，总是带着充足的情感，而不是冷冰冰的服务态度，也不是一些毫无人情味的提示。

有家美国酒店准备开张，于是邀请了数十位体验者去体验酒店的服务，结果两天之后这十个人都异口同声地说："我喜欢上了他们的服务，他们的服务员总是会说一些特别有感情的话，让我找到了家的感觉，让我觉得这里就是一个充满亲情和温馨的家。"于是酒店最终才决定正式营业。酒店的做法就是为了突出更多的感情服务，就是为了让消费者可以在感情攻势下感受到更多更好的服务。

如果商家能够意识到这一点，就可以区分充满感情和感情平淡的故事，给消费者带来的感官体验有什么不同：

"我觉得这个产品送给老人再适合不过了。"

这句话显得有些平淡，内容不够充实，感情也不强烈，纯粹就像是一句应付了事的话，或者就是为了寻找一个可有可无的购买理由。而这样的态度，在消费者看来往往会显得很平淡，他们会觉得对方并没有用心去做销售，没有用心来为消费者讲述产品的价值和意义。

如果改成这样的句子："我觉得很多母亲都希望收到一个这样的礼物，事实上，她们也会将这样的礼物送给我们这些孩子，就像她们在过去几十年里所做的那样。我的母亲早就去世了，这是我最大的遗憾，所以我还是真心希望你的母亲能够为你感到开心和骄傲，当然，无论你送给她什么，都是一样的。"在这个故事中，感情变得很充足，而且销售人员很有礼貌地给予了消费者的家人更多的关怀，这种服务态度让人更容易感动。

三星公司的董事长李健熙一手将三星手机推向高峰，靠的不仅仅是技术，还有出色的服务态度，他曾经对旗下的手机店进行巡视，亲自化装成普通人去店里面体验服务。有一次，据说他一次性开除了十个手机专卖店里的负责人和店员，原因就是他们在销售过程中态度过于冷漠，每次都只是说简单的几句话，而这样缺乏感情的表现是无论如何不能容忍的，他可不想被消费者指责三星是一个冷酷的、缺乏服务意识的企业。

而如今，已经有越来越多的商家开始意识到这一点，他们逐渐想办法在讲故事的时候加入更多、更强烈的情感元素，尤其是在享乐型和服务型的行业中，感情的充分表达显得尤为重要，如果行销故事中能够注入更多的感情，如果充满感情地讲述故事，那么无疑会给消费者带来更多良好的印象，他们会本能地觉得："这里的服务态度真不错。"

## 3. 情感更容易触发客户的直觉

很多人都喜欢大熊猫，并认为它是一种可爱且讨人喜欢的动物，只要看到大熊猫的形象，多数人都会本能地产生一种想要拥抱和抚摸它的冲动，而这种情感同时又会进一步触发我们的直觉——认为大熊猫很温顺。

大熊猫很温顺，很可爱，这几乎是多数人的直观感受，但事实真的如此吗？它们真的只是一些毫无攻击力且喜欢卖萌的小动物吗？事实上，熊猫的本名叫作猫熊，看看它的近亲灰熊和棕熊，就知道它绝对不像猫一样温顺。对于野生熊猫来说，它们同样具有一定的攻击性，它们拥有锋利的爪子，还有能够咬破铁笼子的牙齿，这些可不是一个卖萌的动物该有的武器。

那么为什么我们很容易就产生了错误的直觉，为什么我们轻易就被熊猫憨态可掬的外表给蒙蔽了？原因就在于情感。当我们因为熊猫的可爱外形而激发出强烈的情感之后，我们的理性思维和逻辑分析能力就会受到压制，这个时候我们就容易被情感牵着走而产生一些非理性的直觉。这些直觉实际上就是右脑受到刺激后重点表现出来的思维模式，正如前面章节所提到的那样，右脑所表现出来的同样是一些感性认识，是一些直观感觉。

最明显的例子莫过于，当我们看见一个衣衫褴褛的人在大街上走来走去，而当时还是冬天，那么这个时候我们就会本能地认为对方是个乞丐。这种判断不仅仅来自生活经验，还来源于我们看见这个人时，就已经开始产生同情心，尤其是考虑到外部的环境（寒冷的天气），我们的情感会更加强烈，因此认为对方是一个乞丐也就成为顺理成章的事情。但事实上对方也许只是一个刚从工地上回家的农民工。

从这个角度出发，情感是影响个人判断的一个重要因素，而行销故事其实也可以以此为切入点，也就是说，商家完全可以采取情感攻势，利用丰富的感情来填充行销故事，或者在讲故事的时候注入更多的情感，以此来触发消费者产生直觉，从而确保他们对产品产生更好的印象。

事实上，消费者并不是专业的鉴定家，在多数情况下，他们无法完全利用自己的经验来判定一个商品是好是坏，也无法辨别两个不同品牌的产品究竟孰好孰坏，因此很多时候不得不依靠自己的直观感受来做出判断，尽管他们努力想要调动左脑的分析功能，想要把握一些产品的细节进行认真研究，但是这种理性认识非常有限。正因为如此，他们始终都保持一种怀疑的、谨慎的态度。而商家此时应该把握住消费者的这种心态，然后尽可能地讲述一些更加动情的故事，以此来引发消费者的情感共鸣，从而将右脑充分调动起来，这个时候，消费者的直觉就会进一步增强，并压制原本就很脆弱的理性思维，最终彻底被商家的故事说服。

有两个孩子在街上卖一堆干货，并且声称这些干货都是一些山里的野生货，营养丰富而且没有任何污染，当然很多人都表示不相信，认为即便是新鲜的产品摆放在眼前，自己尚且不能区分开来，如今被晒干了，就更加难以辨别。此外，对于路人来说，街上经常有人卖干货，他们也声称是山里的纯天然的东西，但实际上都是大棚里大批种植的农产品，所以他们的话根本不值得相信。

一连好几天，都没有多少人光顾兄弟俩的摊子，只有一些年迈的大爷大妈看着孩子有点可怜，偶尔会买一点回去。有一天，有人教给孩子们一个办法，让他们讲述一个动人的故事来推销自己的产品，所以几天之后，兄弟二人不再坚持吆喝，而是对着每一个路过或者前来询问的顾客讲起了自己的故事：

“我们的母亲身体不好，多年来一直躺在床上，父亲一个人根本无力支撑起整个家庭的生活，所以我们兄弟二人才会想着去山上弄一些天然的野菜，制成干货来卖。”接下来这两兄弟一直都在强调二人每天一大早起床就去山里面采摘，不仅要面临被毒蛇咬伤的危险，有时候还要冒着生命危险爬到悬崖峭壁上去采摘，每一天，两个人都要到下午才能回家……

事实上，当他们说完这些故事之后，很多人立即掏钱购买，还有一些好心人愿意出双倍的价钱购买这些所谓的“野味”，而很多人还在朋友圈里呼吁更多的人来这里购买纯天然的干货。那么同样都是干货，为什么一开始大家都表示怀疑，并且能够想出一大堆的理由来质疑产品，而现在他们却很快就相信了这一切呢？其中一个重要的因素就是情感。

在兄弟俩做出调整之后，实际上讲述了一个非常感人的家庭故事，而这个故事直接触动了消费者的恻隐之心，很多人会这样去想：“如果自己的孩子也面临同样的困境，那该怎么办，是否有人愿意帮助他们呢？”有的人会更加直接地认为这一定是出生在农村贫困家庭的两个孩子。正因为引发了情感上的共鸣，他们产生了一种直觉：“这些干货就是孩子们千辛万苦从大山里弄来的”，他们甚至都可以想象出那种辛苦而危险的采摘画面。

这就是情感的作用，它可以让听众变得更加感性，而只要情感上产生了共鸣，消费者就会本能地认为这个东西就像对方说的这样。正因为如此，越来越多的商家开始想办法让自己的产品充满各种情感元素，想办法让自己的行销故事更具煽动力。广告学大师霍普金斯曾经说过："消费者总是无法容忍那些平淡无奇的故事，商家要么想办法让他们笑，要么就要懂得让他们哭。"这里的哭和笑实际上都是一种情感牵引，目的都是为了引起一种情感上的共鸣。

另外一位广告学的巨擘奥格威在和朋友的闲聊中，也提到了一句话："情感在多数时候都是以非理性的状态存在的，足以蒙蔽多数人的双眼，也正因为如此，一些商家才能够将月亮当成太阳一样卖掉。"虽然奥格威批评了一些不良商家和广告商的欺骗性做法，但是却从另外一个角度证明了情感确实是影响消费者做出判断的一个重要因素。

所以，对于商家来说，他们与其想办法运用逻辑思维来应付消费者的分析和质疑，还不如重点打造一个充满情感的故事，并通过这种情感表达来引导消费者对产品产生一个好的直觉，最终方便产品的顺利出售。

## 4. 给交易注入一点人情味

在物质气息越来越浓的现代市场经济环境中，人们在交易中的互动越来越多，但这种互动多数是商业利益上的谈判，而不是人情上的往来。比如有人曾经对现如今一些商店的销售方法提出了批评，很多商店尤其是专卖店，常常会这样告诉消费者："我们这儿谢绝还价，任何价格都是固定的""我们这儿从不打折，别人一次性买走一百件商品，也是一样的价格""我们这儿的所有顾客都不会讲价"。这些话让人听了非常不舒服，消费者在购买商品的过程中毫无还价的余地，而这种缺乏弹性的行销方式往往会降低产品的销售额。

事实上，几乎从交易开始出现，就存在了讨价还价的传统，这是商业开始萌芽时就已经存在的一种潜在规则，而消费者也在这样的规则下培养了一种兴趣，那就是讨价还价的兴趣。比如很多妈妈级的女性总是喜欢和商家进行讨价还价，往往争论的焦点只是一块钱或者两块钱，实际上这一块钱并不能带来多少成就感，但是她们就喜欢享受这个讨价还价的过程，并将其当成购物中一个不可或缺的程序，只有通过还价，她们才会觉得自己的购买行为是完整的，自己购买的产品才是令人满意的。

这种特殊的消费心理在女性身上几乎是普遍存在的，而目的显然不仅仅是为了节省钱，更重要的是，她们一直都在遵守这种古老的商业规则，一直都在这样的商业规则下感受购买产品的乐趣。换句话说，通过讨价还价和一系列的互动，她们反而更能够找到购物的快感，反而更能够享受到消费的乐趣。重要的是，在相互交流和沟通中，消费者和商家会建立起一种特殊的情感或者关系，双方之间的交易也会变得更具人情味，而不是死板的"钱货两清"。

而现在，很多商家正在试图打破这个商业规则，正在破坏消费者对于购物过程的享受，也让整个销售活动和交易过程变得更加冷漠，更加无趣，通常情况下，消费者会觉得自己在购买商品的时候缺乏存在感，甚至觉得自己完全处于被动的姿态，根本就无法参与到交易当中来。其实，对于商家而言，想要让自己的产品尽快销售出去，那么最重要的就是要懂得让消费者参与其中，只有消费者觉得自己是整个销售过程中的一环，他才愿意和商家进行互动，才愿意对商家提供的产品和服务产生更多积极的反应。

一旦消费者觉得自己讨价还价的乐趣无法得到满足，这种情感的欠缺往往会阻碍消费者进一步走进专卖店。经过调查研究发现，那些年纪比较大的消费者通常都不愿意进入专卖店，就是因为没有办法在里面体验到讨价还价的乐趣，就是因为觉得专卖店缺乏人情味，它让整个购买活动变得毫无感情。

现如今，商家缺乏人情味已经成为一个严重的社会现象，这也让市场经济下的买卖行为变得更加唯利是图，变得更加单调和枯燥。有位手机制造商说过："我们并不希望买卖交易仅仅只是一个固定模式下的金钱游戏，灵活的讨价还价是很有必要的。"在过去，很多手机的价钱也都是固定的，比如苹果公司的产品向来都是固定的价格，消费者想要购买手机就必须支付和官网上提供的报价一样多的钱，而苹果公司之所以这么做，就是因为它在过去几年时间里一直受到全球性的追捧，根本不愁没人买它的手机，但是随着各个品牌手机竞争实力差距不断缩小，苹果公司的战略空间被压缩得很严重，现在内部也有人提出了是否可以采取降价和其他一些相对灵活的策略。

当然，交易中缺乏人情还体现在对消费者无法提供额外的服务或者便利上。在交易中，交易双方实际上都处于同样一种心理状态，那就是尽可能地让自己多赚取一些利益，但这些利益通常都是一些眼前的利益，如果商家过度看重这些利益，就可能会丧失更多的客户，而如果他们能够提供一些额外的便利和服务，则会增加消费者的忠诚度。

心理学家发现，人与人之间的关系通常都会倾向于达到一个相对饱满的状态，而这个饱满的状态实际上是相互妥协之后的一个理想状态和平衡点，这个时候，维持平衡点可以确保双方关系的和睦。如果有一方试图获得更多的利益，那么另一方一定会迅速降低好感，哪怕只是失去一点点的利益，他们也会觉得自己受到了欺骗或者伤害。反过来说，如果一方愿意主动出让一点利益，那么另一方的好感会迅速提升。虽然只是一丁点的变化，但是却能够让整个关系发生翻天覆地的变化。

从这个心理现象出发，销售活动其实也是一样的道理，商家有时候不必斤斤计较眼前的利益，如果能够主动进行让利，或者为消费者提供一些额外的服务，那么消费者对于商家的信任度会直线上升，忠诚度也会提升好几个档次。

有位德国客车司机每天都会将车停在固定的站点，然后等着来自各个不同地区的乘客上车。但是司机每次都发现有一个小女孩来得特别晚，尽管她的家离站点并不算太远，但是由于小女孩腿脚有些残疾，走路很不方便，因此这一段不算远的距离对她来说是一个巨大的挑战。了解情况后，司机每天都将车开到小女孩的家门口，这样小女孩就可以少走一点路了。很多人对司机的做法表示不理解，这样不是浪费了更多的时间和油钱吗？毕竟小女孩只能给出那么一点钱。但司机却回答说：“我能做的只有一点点，但是对她来说却意味着很多，就像我对自己的女儿所做的那样，这并没有什么。”

司机的小小举动让小女孩及其家人非常感动，他们几乎每次出行都坐这个司机的车，而司机则为小女孩开了35年的车，司机去世后，他的儿子接着为这个老客户开了27年的车。这种特殊的情感让司机的家族名声在外，当这个故事流传开来之后，他们也顺势创立了一个运输品牌，并且最终垄断了德国乡村的客运和物流行业。

一个健康的正常的销售活动，应该是充满各种愉快的交流的，为了让消费者更加愉快地享受消费的过程，商家必须懂得在自己的行销过程中注入一些人情味，必须打造一个具有人情味的行销故事，这样才能让商家的产品和品牌形象更加突出，也更能够吸引消费者的关注。

## 5. 给消费者适当增加一些内疚感

为什么都知道吸烟有害身体健康，但是还是有越来越多的年轻人加入抽烟的大军？为什么大家都知道酒精对身体不好，但还是有很多人喜欢在酒桌上没完没了地干杯？为什么都知道奢侈品根本不值这个价，但还是有人愿意狠下心来花掉两个月的工资买一个上万元的名牌包？

有一些有趣的现象是，巧克力通常卖给了那些患有肥胖症的人，而不是那些身材苗条的人；LV的手提包更多地卖给了中产阶级，而非大富豪们；苹果手机的销售对象主要是没有经济收入的学生，以及工资水准一般的白领阶层；那些购买日本马桶和大米的人，往往也是一些生活水平处于中等水平的人。为什么会如此呢？

在这些现象中，有一个共同的规律，那就是商家在进行市场定位的时候，并没有完全按照商品价值来进行匹配，而是选择了一些游走于消费边缘但是又具备一定需求的顾客。那么商家为什么要这么做呢？为什么不进行更为精准的市场定位呢？其中很大一部分原因就在于一个新名词“内疚营销”。

所谓内疚营销实际上指的就是利用消费者在购买产品时容易产生适度的内疚心理来推销和出售自己的产品，产品销售的对象也是那些容易产生内疚心理的人。与此同时，商家在销售的过程中，懂得如何激发消费者的内疚心理。

内疚心理是一种既感到提心吊胆、包含不安因素和矛盾心理的特点，同时又带着一点期待、刺激和快乐的因素，这是一种看似矛盾的心理，但实际上在生活中非常常见，我们越是要压制内心的某种欲望时，就越容易导致欲望的反弹和吞噬，而在销售过程中，商家所做的就是刻意增加消费者内在的压制力，就是通过施加外力来提高欲望的反噬能力。

根据以往的认知，以及我们对消费者心理学的基本了解，商家更多时候都在积极引导消费者的积极情绪和情感，使他们可以更多地关注购物的过程，并享受购物的快感，但是美国耶鲁大学的研究却发现，一些负面情绪同样会刺激消费，就像失恋的人喜欢大吃大喝或者疯狂购物一样。而内疚感同样具有促进消费欲望的作用，耶鲁大学的研究人员发现，即便是最微小的内疚感，也同样会放大在消费中的自我纵容所带来的快乐。

一般情况下，内疚营销更适用于一些享乐和体验型的行业，这些行业能够更直观地体现出消费者个体的欲望，比如服装、餐饮、化妆品、豪车、高档电子产品，以及诸如白酒、香烟、电子游戏等受到限制的行业。在这些行业中，消费者更容易出现内疚心理。而对于销售领域的那些情感调控大师来说，他们知道消费者会产生何种情感，以及这些情感会给他带来何种影响，所以从一开始，他们就决定对症下药，运用最合理的行销故事来进一步刺激这种内疚感，并帮助它们实现情感上的转化。

国内的白酒品牌“劲酒”，实际上就采取了非常好的内疚营销方法，产品在销售过程中，公司首先播放了一个非常和谐、愉快的喝酒场面，然后顺势提到了一个重要的广告词："劲酒虽好，可不要贪杯哦！"这个故事搭配上这样的广告词，表面上是提醒消费者喝酒时要注意控制，千万不要贪杯，但实际上所要表达的意思却截然相反。当然和销售香烟的厂家一样，劲酒公司不可能直接提醒消费者"多喝酒"，这时候，它们就利用了内疚心理来大做文章——消费者会因为贪杯闹事、破坏家庭氛围而感到内疚，但是这种内疚通常会让消费者产生更为强烈的饮酒欲望，这个时候，公司适当地提到"不要贪杯"反而激发出了消费者饮酒的快感。

巧克力的生产商也是一样，售货员在出售巧克力的时候，会特意做出一些温馨的提示："巧克力富含热量，很容易引起肥胖，在过去几十年时间里，很多人的肥胖问题都是由巧克力引起的。"当患有肥胖症的人出现在店里时，他们往往会对自己贪吃巧克力感到内疚，他们会觉得对不起自己的身体健康，但是这种内疚感实际上是比较脆弱的，商家要做的就是进一步刺激消费者的情感，好让这些内疚感变成一种新的消费动力。事实上，当他们在内疚中食用巧克力后，往往会带来双倍的快乐享受。

有些上班族一直想要购买一款名牌包，可是由于自己的工资不足以支撑这种奢侈品，所以内心一直很矛盾，他们觉得一旦自己花费大价钱购买了这款产品，那么很有可能会在接下来的几个月勒紧裤腰带过日子。这个时候，一些奢侈品品牌会刻意针对性地强化这种观念，比如提醒消费者"看好你的钱包，新款产品已经盯上它了"，或者直接暗示那些上班族"购买那些奢侈品其实没有太大的必要"。这样一来，消费者的内疚感变得更加强烈，但与此同时，他们的消费欲望也变得强烈，而最终他们会选择消费，因为他们会在内疚中觉得这种消费会更加令人感到刺激，也会更加让人感到痛快。

事实上，内疚感通常都是以阻碍消费的身份出现的，这种消极的情绪和情感会让消费者在商品面前表现出更强的自制力，但是一旦巧妙运用，就可以产生相反的效果。很显然，内疚营销的关键在于在消费者自我暗示的矛盾中找到缝隙，将他们潜藏在心底的那些欲说还休的消费欲望引出来，然后使得那些快乐情感成倍地增加，这也是为什么消费者通常会在内疚之后感受到更多的快感。

而在这一整套由内疚向快乐的转化机制当中，关键的因素就在于对消费者的情感进行适当压抑。当消费者渴望获得某个产品，渴望享受某种消费时，会产生很强的消费冲动，但是由于自己的能力不够、生活条件暂时不允许，或者会带来一定的负面影响，这些欲望会被压制住。此时，商家要做的并不是直接鼓动消费者放开自制力，而是选择继续压制他们的消费欲望和情感，而这种压制一旦触及消费者的承受力，原有的“冲动和自制力”之间的平衡就会被打破，此时就会迅速发生反弹，消费者内心的购买欲望就会越来越强烈，可以说原有的内疚感会成为一种诱发因素，反向地推动了消费者的消费行为，并且提升了消费的快感。

虽然，内疚营销可以有效调动消费者的情感，但是这并不意味着内疚营销就是一个万能的情感调节器，事实上内疚营销需要掌握一定的度，一旦内疚营销的力度太小，太隐晦，就无法起到应有的刺激作用，欲望也不会轻易被激发和反弹出来；反过来说，如果内疚营销的力度太大，那么消费者并不会轻易产生快乐的情绪，他们会长时间被负面情绪包围，并且放弃购买和消费的机会。

真正的内疚营销应该是恰到好处的，它刚好能够带来一点点的压制和刺激，能够带来一点点的迟疑和心动。如消费者会在做出购买行为后这样想："真是不敢相信，我竟然没有控制住自己，但一切似乎是值得的。"只有让消费者产生越堕落越快乐的奇妙感觉，才能证明这样的行销故事讲得恰到好处。